Citoyen Sans-Papiers

POLITIK UND DEMOKRATIE

Herausgegeben von Helmut Kramer und Eva Kreisky

Band 12

PETER LANG
Frankfurt am Main · Berlin · Bern · Bruxelles · New York · Oxford · Wien

Katharina Ludwig

Citoyen Sans-Papiers

Irreguläre MigrantInnen
als politische AkteurInnen in Frankreich

PETER LANG
Internationaler Verlag der Wissenschaften

Bibliografische Information der Deutschen Nationalbibliothek
Die Deutsche Nationalbibliothek verzeichnet diese Publikation
in der Deutschen Nationalbibliografie; detaillierte bibliografische
Daten sind im Internet über <http://www.d-nb.de> abrufbar.

Gedruckt mit Unterstützung des Bundesministeriums für
Wissenschaft und Forschung in Wien.

Logo auf dem Buchumschlag:
Abdruck mit freundlicher Genehmigung
der Universität Wien.

Gedruckt auf alterungsbeständigem,
säurefreiem Papier.

ISSN 1613-706X
ISBN 978-3-631-56755-5
© Peter Lang GmbH
Internationaler Verlag der Wissenschaften
Frankfurt am Main 2008
Alle Rechte vorbehalten.

Das Werk einschließlich aller seiner Teile ist urheberrechtlich
geschützt. Jede Verwertung außerhalb der engen Grenzen des
Urheberrechtsgesetzes ist ohne Zustimmung des Verlages
unzulässig und strafbar. Das gilt insbesondere für
Vervielfältigungen, Übersetzungen, Mikroverfilmungen und die
Einspeicherung und Verarbeitung in elektronischen Systemen.

Printed in Germany 1 2 4 5 6 7

www.peterlang.de

**Ich will in das Grenzenlose
Zu mir zurück**

Else Lasker-Schüler

Vorwort der Herausgeberin

Migrationsforschung nimmt zwar im Moment de facto relativ großen Raum im Feld sozialwissenschaftlicher Forschung ein. Aber recht Unterschiedliches figuriert unter diesem Titel. So zeigen sich zahlreiche dieser Studien als bloß die tendenziell restriktiven Migrations- und Integrationsregime in Europa stützend und bestätigend. Sie erweisen sich vielfach als „zur Anwendbarkeit beauftragt" und tendieren insbesondere dazu, „Leistungen" von Staaten für MigrantInnen (oder ihre Grenzen) zur Schau zu stellen oder etwa deren Verwertbarkeit für Niedriglohnsektoren des Arbeitsmarkts zu testen und ähnliches mehr. Nicht selten sind ihre Adressaten primär die Angehörigen der „Mehrheitsgesellschaft". „Kontrollierte" Zuwanderung lautet die Devise.

Nur marginal aber wird das Migrationsthema aus dem Blickwinkel eines radikalen Demokratieverständnisses aufgenommen: zum einen als Anliegen, westliche Demokratien in ihren politischen Ansprüchen in Bezug auf Menschen-, Bürger- und Sozialrechte *wirklich* in die Pflicht zu nehmen, und zum anderen als bewusst eingenommener Perspektivenwechsel, der nicht ein angebliches staatliches Sicherheitsproblem, die mangelnde „Aufnahmefähigkeit" der Arbeitsmärkte oder diffuse bevölkerungspolitische Ängste in den Vordergrund schiebt, sondern sich dem aktiven Verlangen von MigrantInnen widmet, als politische *Subjekte* zu handeln und auch als solche anerkannt zu werden, ihre Bedürfnisse und Forderungen also selbst zu artikulieren.

Katharina Ludwig fasst die Bandbreite dieser Herangehensweisen an das Forschungsfeld zwischen den Polen von „Top-down"- und „Bottom-up"-Ansätzen zusammen. Und sie lässt keinen Zweifel daran, welchen Blick sie mit ihrer begrifflichen wie empirischen Analyse der „Sans-Papiers" aufnimmt. „Sans-Papiers" definieren sich durch ihr „Sprechen als Subjekte", also durch ihre Verweigerung des staatlich-polizeilich zugewiesenen Objektstatus und faktische Aneignung staatsbürgerlicher Subjektivität. Sie nehmen sich also die „Freiheit", ihr Handeln selbst zu autorisieren, zu handeln „als ob" sie als „Gleiche" demokratische Institutionen anrufen und praktisch an ihnen teilhaben. Mit anderen Worten heißt dies: „antizipierte Staatsbürgerschaft", die freilich „grenzenlose Demokratisierung" voraussetzt. Damit verlässt sie die rigide normende Welt legalistischer Konstruktionen („was nicht legal ist, ist schlicht illegal") und erschließt das offene Universum sozialer Praxis. Dies bedeutet nicht, dass sie das eine gegen das andere tauscht, sondern die eine Perspektive um die andere erweitert.

Man kann Ludwigs Arbeit im wissenschaftlichen Kontext als begriffskritischen und diskurstheoretischen Zugang verorten (auf der theoretischen Grundlage von Mouffe/Laclau, Butler und Rancière), zumal sie Migration und Integration als staatszentrierte und paternalistische „diskursive" Systeme offenlegt, die sie behutsam dekonstruiert, um aus bürokratisch-strukturell erzwungener Passivität von (irregulären) MigrantInnen konkrete Ansatzpunkte zu einem gelebten aktiven BürgerInnenstatus zu erkennen. Zugleich ist daher ihr wissenschaftlicher

Approach auch als „parteinehmende" Sozialforschung zu charakterisieren, die davon inspiriert ist, dass im Vorfeld des Politischen stets das Soziale regiert, weshalb Artikulation von MigrantInnen, ihr „selbst Mitsprechen" also, als konkretes politisches Handeln aufzufassen ist. In ihrem engeren politikwissenschaftlichen Erkenntnisinteresse liegt die „diskursive Agency irregulärer MigrantInnen in der europäisch-französischen Migrationspolitik". Bestechend an dieser Arbeit ist die abgestimmte Verbindung von Theorie- und Begriffsarbeit mit umfassender und sorgfältiger empirischer Arbeit durch Erschließen von Texten und Dokumenten, Interviews sowie teilnehmende Beobachtung. So lässt sich ein authentisches Bild machen von jenen Menschen, die als „irreguläre MigrantInnen" außerhalb üblicher öffentlicher Wahrnehmung leben, arbeiten und politisch handeln. Damit wird die aufrichtige und konsequente Soziale-Demokratie-Orientierung ihrer Arbeit offengelegt, die sie meines Erachtens als durchaus eigenständige innovative Erweiterung kritischer Migrations- und Integrationsforschung ausweist. Sie befasst sich nämlich mit einem Kernthema der Zukunft europäisch-französischer Politik, mit dem Problem von Migration, das soziale Sensibilitäten und politische Fähigkeiten westlicher Demokratien auf eine praktische Bewährungsprobe stellt. So vermag die Arbeit nicht nur Migrations- und Integrationsforschung zu erweitern, sondern auch zum Überdenken von Demokratietheorie und Demokratiepolitik anzuregen. Praktische Lösungsansätze werden nur in einer Ausweitung liberal-westlicher zu sozialer Demokratie zu finden sein. Liberale Demokratien sind nationalstaatlich begrenzte Denk- und Handlungsformen, die erst langsam die Notwendigkeit ihrer Transnationalisierung akzeptieren. Ob diese langsam in Gang kommende Transformation des Demokratischen auch (irreguläre) MigrantInnen im Sinne ihres (Über-)Lebens nutzen können oder nur große Unternehmen zu ihren Vorteilen ausloten werden können, sei vorderhand dahingestellt. Aber die „Sans-Papiers" haben uns die Augen geöffnet, woran es in einer realen Demokratie ankommt, auf den Einschluss aller hier Lebenden, haben sie Dokumente oder auch keine.

Inhaltsverzeichnis

TEIL I
1.	Einleitung	13
1.1.	Überblick über die Arbeit	14
1.2.	Formale Hinweise	15
2.	State of the Art	17
2.1.	Integration	17
2.1.1.	... als Handlung des Nationalstaates	17
2.1.2.	... als Handlung von MigrantInnen	18
2.2.	Citizenship von MigrantInnen	20
2.2.1.	... als legaler Status: denizens, margizens, transnational Citizenship	20
2.2.2.	... als soziale Praxis: Citizenship in practice und Sans-Papiers	21
2.3.	Dilemma Demokratisierung?	23
3.	Diskurstheoretisches Erkenntnisinteresse	25
4.	Methode	27
4.1.	Teilnehmende Beobachtung und Interviews	27
4.2.	Textinterpretation	30
5.	Radikale Demokratie bei Ernesto Laclau / Chantal Mouffe	33
5.1.	Offenheit und Konflikt	33
5.2.	Ordnung und Outside	34
5.3.	Handlungsfähigkeit und Demokratisierung	36
6.	Diskursive Agency	39
6.1.	Autorisierung nach Judith Butler	40
6.2.	Anteilnahme „Als-ob" nach Jacques Rancière	42

TEIL II
7.	Irreguläre internationale Migration: Was heißt illegal?	45
8.	Die europäisch-französische Migrationspolitik	49
8.1.	Europäische Union	50
8.1.1.	Mobilität und Fehlannahmen	50
8.1.2.	Grenzen der Illegalität in Europa 1985-2006	51
8.1.3.	Kontinuitäten der europäischen Migrationsordnung	53
8.1.4.	Unionsbürgerschaft à la carte	55
8.1.5.	Demokratisierung?	57
8.2.	Frankreich	57
8.2.1.	L'Autre und Fehlannahmen	57
8.2.2.	Selektion von Illegalität in Frankreich 1974-2006	59
8.2.3.	Kontinuitäten der französischen Migrationsordnung	62
8.2.4.	Politique Circulaire	63
8.2.5.	Citoyenneté Locale	65
8.2.6.	Demokratisierung?	66
9.	Widersprüche der europäisch-französischen Illegalität	69
9.1.	Rechtsstreit	69
9.2.	Lebenswelt	71

9.2.1.	Administration und Kriminalität	72
9.2.2.	Arbeit und Nutzen	72
9.3.	Gemeinschaftliche Illegalisierung	74

TEIL III

10.	Die Entdeckung undokumentierter AkteurInnen	77
10.1.	Die Saga der Sans-Papiers	77
10.2.	Handlungsfähig oder autonom?	78
11.	Paradoxe Szenen: Agency irregulärer MigrantInnen	81
11.1.	Autorisierung: Der Name Sans-Papiers	81
11.1.1.	Aus dem Schatten Treten	81
11.1.2.	De Facto-Integration	83
11.1.3.	Eigene Papiere	85
11.1.4.	Republik und Menschenrechte	86
11.1.5.	Demonstriertes Rechtsbewusstsein	89
11.1.6.	Der eigene Beitrag	90
11.1.7.	(Post-)Kolonialismus und verschuldete Nation	91
11.1.8.	Teil der Protestgesellschaft	92
11.1.9.	Autorisierung als Freiheit	93
11.2.	Als-ob: Irreguläre Anteilnahme	94
11.2.1.	Besetzung von Öffentlichkeit	94
11.2.2.	Mediale Ansprache	95
11.2.3.	UnterstützerInnen und Patenschaft	96
11.2.4.	Etabliert	99
11.2.5.	Fokus Regularisierung: Anpassung von Illegalität	100
11.2.6.	Papiere für alle?	101
11.2.7.	Anteilnahme als Gleichheit	104
11.3.	Autorisiertes Teilnehmen: Kollektive der Sans-Papiers	105
11.3.1.	Unterschiedliche Verfassungen und Motivationen	105
11.3.2.	Alarm, Schutz und Netz	106
11.3.3.	Selbstsicherheit	108
11.3.4.	Sans Papiers, Sans Limites?	110
11.3.5.	Kollektiv als Gemeinschaftlichkeit	111
12.	Conclusio: Citoyen Sans-Papiers	113
13.	Ausblick: Demokratie illegal?	117
14.	Literatur	121
14.1.	Websites und digitale Publikationen	127

ANHANG

A.	Verzeichnis Teilnehmende Beobachtung	129
B.	Verzeichnis Interviews	129
C.	Grenzen der Illegalität in Europa 1985-2006	130
D.	Selektion von Illegalität in Frankreich 1974-2006	132
E.	Anpassung von Illegalität: Frankreichs Regularisierungkampagnen	134

Abkürzungsverzeichnis

ANAFE	Association Nationale d'Assistance aux Frontières pour les Etrangers
CAI	Contrat d'Acceuil et d'Intégration
CESEDA	Code de l'Entrée et du Séjour des Etrangers et du Droit d'Asile
CFDT	Confédération Française Démocratique du Travail
CNSP	Coordination Nationale des Sans Papiers
CPE	Contrat Première Embauche
ECOSOC	Economic and Social Council
ECRI	European Commission against Racism and Intolerance
EMRK	Europäische Menschenrechtskonvention
EU	Europäische Union
FASTI	Fédération des Associations de Solidarité avec les Travailleurs Immigrés
GISTI	Groupe d'Information et de Soutien des Travailleurs Immigrés
HALDE	Haute Autorité de Lutte contre les Discriminations et pour l'Egalité
ILO	International Labour Organization
IOM	International Organization for Migration
LCR	Ligue Communiste Révolutionnaire
MRAP	Mouvement contre le Racisme et pour l'Amitié entre les Peuples
NGO	Non-Governmental Organization
OECD	Organization for Economic Cooperation and Development
OFPRA	Office Français pour la Protection des Réfugiés et Apatrides
OMI	Office des Migrations Internationales, bis 1975:
ONI	Office Nationale d'Immigration
OSZE	Organisation für Sicherheit und Zusammenarbeit in Europa
PAF	Police aux Frontières
PCF	Parti Communiste Français
PS	Parti Socialiste
RESF	Réseau Education Sans Frontières
RPR	Rassemblement Pour la République
SONACOTRA	Société Nationale de Construction pour les Travailleurs
UCIJ	Uni(e)s Contre une Immigration Jetable
UDF	Union pour la Démocratie Française
UMP	Union pour un Mouvement Populaire, zuvor Union pour la Majorité Présidentielle
UN	United Nations / Vereinte Nationen
UNHCHR	United Nations High Commissioner for Human Rights
UNHCR	United Nations High Commissioner for Refugees
UNICEF	United Nations Children's Fund

TEIL I

1. Einleitung

Während der ersten Wochen in Paris stieß ich bei der Bastille auf eine Szene, die ich nicht verstand. Unweit dieser Säule, die für den Sturm gegen absolutistische Willkür und die Errichtung der französischen Demokratie steht, demonstrierten irreguläre MigrantInnen öffentlich und lautstark für ihre Regularisierung[1] und gegen polizeiliche Verfolgung, während Polizisten einen Teil der Straße sperrten. Es war eine Demonstration von Sans-Papiers, wie ich schon von der Ferne beim Métro-Aufgang erfahren hatte, als ein Mann vor mir, von seiner Begleitung auf die Szene hingewiesen, sagte „Aah oui, des Sans-Papiers..." und sich nicht weiter kümmerte. Für ihn schien die Szene mehr oder weniger alltäglich zu sein, für mich als österreichische Austauschstudentin war sie das ganz und gar nicht.

Irreguläre Migration und die Frage, wie man mit ihr umgehen soll, sind in der gesamten Europäischen Union Thema. Das Gleiche gilt auch für irreguläre MigrantInnen: sie sind meistens Thema und Objekt von Debatten, aber scheinbar selten deren AkteurInnen. Vom Objekt werden sie schnell zur generellen Bedrohung für *uns*. Das wusste ich aus Österreich. Was dieses *uns* in Gesellschaften mit irregulärer Migration außer einem demokratischen Totschlagargument heißen könnte, das wusste ich jedoch nicht.

Diese Arbeit setzt an der Stelle an, wo irreguläre MigrantInnen sich bei dieser Debatte nicht umgehen lassen, sondern im Namen von Demokratie selbst mitsprechen und in ihrer Artikulation politisch handeln. Sie untersucht diskursive Agency irregulärer MigrantInnen, was aber auch heißt, über die Bande nach diesem *uns* zu fragen, das angeblich bedroht, hinter Paragraphen wenig sichtbar oder im nationalen Schulterschluss in Zweifel geraten ist.

Festungen wie die Bastille – oder besser gesagt die Säule, die heute für sie steht – können öfters gestürmt werden: bei Demonstrationen von SchülerInnen oder bei einer Weltmeisterschaft von Fußballfans, und bei einer Technoparade können sie auch mal ein Graffiti abbekommen. Staatliche Fixpunkte stehen in ständiger Auseinandersetzung mit gesellschaftlicher Wirklichkeit und damit, wer oder was diese Gesellschaft eigentlich ist.

Solche Konfrontationen zeigten sich im Laufe des Jahres, das ich in Frankreich verbrachte, an vielen Orten drastisch, aber immer in Beziehung zur Rede von und über Demokratie – was auch immer diese französische Demokratie für jede/n Einzelne/n bedeuten mag: einen Boulevard Richtung Norden auf der Place de la République, wo im Oktober/November 2005 vorstädtische Gewalt in Form von

---

[1] Unter Regularisierung verstehe ich den staatlichen Akt, den Status von irregulären MigrantInnen den geltenden Immigrationsgesetzen und Aufenthaltsbestimmungen anzupassen. Vergleiche die Worte „regularization/régularisation" im Englischen beziehungsweise Französischen. Für die Auseinandersetzung mit den Kategorien „legal/illegal" in Bezug auf MigrantInnen siehe Kapitel 7.

brennenden Autos schließlich auch im Zentrum Aufmerksamkeit einforderte; eine Straße nach Osten auf der Place de la Nation, wo ein Demonstrant gegen den Erstanstellungsvertrag CPE nach Zusammenstößen mit der Polizei ins Koma fiel. Im Namen der in der französischen Verfassung verankerten Devise „Freiheit, Gleichheit, Brüderlichkeit" und des im Vertrag von Amsterdam ausgerufenen europäischen „Raums der Freiheit, der Sicherheit und des Rechts" geschehen viele Szenen, die die Frage nötig erscheinen lassen, in welchem und in wessen Sinn jedes einzelne dieser Worte eigentlich funktioniert. Irreguläre MigrantInnen sind zu einem großen Teil ZeugInnen solcher Szenen. Mit Hilfe derselben Worte ist es aber ebenso möglich, diesen Szenen zu widersprechen und andere zu produzieren, denn Handlungsfähigkeit beginnt auch mit „leeren Worten". Davon erzählen einige Sans-Papiers von Pariser Kollektiven in dieser Arbeit.

1.1. Überblick über die Arbeit

Diese Arbeit fragt nach der diskursiven Agency irregulärer MigrantInnen in der europäisch-französischen Migrationspolitik (Definitionen siehe Kapitel 3).
Der erste Teil erläutert den Ausgangspunkt, Hintergrund und Ablauf der Untersuchung: Die vorhandene sozialwissenschaftliche Literatur zur Handlungsfähigkeit von MigrantInnen in Europa wird entlang der Kategorien *Staatsbürgerschaft* und *Integration* dargestellt, wobei einer Entwicklung von top-down- zu bottom-up-Ansätzen gefolgt wird und von einem legalistischen Verständnis zu einem, das auf soziale Praxen fokussiert (Kapitel 2). Anknüpfend an Grundfragen über das Verhältnis von Gesellschaften mit Migration und Demokratie wird eine diskurstheoretische politikwissenschaftliche Herangehensweise kurz vorgestellt und das eigene Erkenntnisinteresse bezüglich der Handlungsfähigkeit von Sans-Papiers formuliert (Kapitel 3). Im darauffolgenden Kapitel wird der Umgang mit der verwendeten Literatur dargelegt und die Vorgehensweise bei Interviews und teilnehmender Beobachtung näher erklärt sowie auf methodische Probleme hingewiesen (Kapitel 4). Anschließend stelle ich die Diskurstheorie von Chantal Mouffe und Ernesto Laclau, auf der diese Untersuchung aufbaut, mit Hauptaugenmerk auf radikaldemokratische Handlungsfähigkeit dar (Kapitel 5). Diese diskursive Agency wird durch die Konzepte der Autorisierung nach Judith Butler und der Anteilnahme nach Jacques Rancière konkretisiert – zwei Praxen, die in einem wechselseitigen Prozess zwischen Subjekt und System als performatives Handeln verstanden werden (Kapitel 6).
Im zweiten Teil geht es um die Konstruktion von *Illegalität* und um die Frage, wie sich Sans-Papiers zu dieser politisch in Beziehung setzen. Die Kategorie „illegal" zur Beschreibung und Qualifizierung internationaler Migration wird dabei allgemein auf den politischen Umgang mit Worten und Zahlen hin befragt (Kapitel 7). Anschließend wird versucht, die Konstruktion „illegaler" Migration auf Ebene der Europäischen Union und Frankreichs zu verstehen (Kapitel 8): Einleitend werden jeweils zentrale diskursive Momente im Verhältnis zu Migration

herausgearbeitet, Phasen der Gesetzgebung untersucht, migrationspolitische Tendenzen dargestellt und (Ent-)Demokratisierungsprozesse analysiert. Schließlich werden Widersprüche dieser europäisch-französischen Konstruktion „illegale Migration" in Beziehung zum Status irregulärer MigrantInnen in internationalen Normen, zu ihrer sozialen Position sowie zu ihrer ökonomischen *Integration* herausgearbeitet und mit einem diskursiven Verständnis von Illegalisierung in Demokratien verknüpft (Kapitel 9).

Im dritten Teil untersuche ich anhand von empirischem Material aus fünf Pariser Kollektiven Agency von Sans-Papiers im Verhältnis zu dieser Konstruktion der *Illegalität*. Einleitend wird ein kurzer Abriss der „Entdeckung" der undokumentierten AkteurInnen Sans-Papiers gegeben und dabei Autonomie als problematischer zentraler Begriff der vorhandenen französischen Literatur besprochen (Kapitel 10). Die zentralen Ergebnisse aus teilnehmender Beobachtung und Interviews zur Frage der Handlungsfähigkeit sind im darauffolgenden Kapitel in drei Dimensionen unterteilt – und zwar abhängig davon, wie Sans-Papiers sich einen demokratischen Diskurs aneignen (Kapitel 11): wie sich Sans-Papiers durch ihr Sprechen als Subjekte selbst definieren und autorisieren („Freiheit"), wie sie an der französischen Gesellschaft und ihren Institutionen Anteil nehmen indem sie diese ansprechen („Gleichheit") und wie Sans-Papiers in ihren Kollektiven diese beiden Prozesse kombinieren und damit nach innen und nach außen wirken („Gemeinschaftlichkeit"). Zusammenfassend werden aus einem diskurstheoretischen Blickwinkel die politischen Handlungen von Sans-Papiers als eine antizipierte *Staatsbürgerschaft* verständlich gemacht und die offen gebliebenen und zu vertiefenden Fragen aufgelistet (Kapitel 12). Ein Ausblick skizziert schließlich, was ein besseres Verständnis einer solchen demokratischen Aneignung von Sans-Papiers für demokratische Grundsorgen in Zeiten irregulärer internationaler Migration bedeuten kann (Kapitel 13).

1.2. Formale Hinweise

Selbst-Artikulation von irregulären MigrantInnen wird in dieser Arbeit als Basis für ihre Handlungsfähigkeit verstanden. Deshalb wurden in dem Teil, der die empirischen Ergebnisse darstellt und untersucht, so oft wie möglich repräsentative Interview-Passagen direkt und auch länger stehend wiedergegeben. Da jede Übersetzung eine weitere Interpretation durch mich bedeutet, sind diese Stellen im Fließtext im französischen Original zu lesen; wobei in den Fußnoten jeweils meine Übersetzung ins Deutsche zu finden ist, die ich geschlechtsoffen formuliert habe. Die gleiche Vorgehensweise wurde für die verwendete englisch- und französischsprachige Literatur gewählt, so keine offizielle Übersetzung vorlag.

2. State of the Art

Migration ist ein Mainstream-Thema geworden, jedoch eine „mainstream niche" (Bommes/Morawska 2005:2) – ein Forschungsgebiet, das als Spezialisierung institutionell verankert und anerkannt ist, als Grundkonzept in den Sozialwissenschaften aber immer noch wenig Bedeutung hat (ebd.:281). Dabei ist Migration ein Schlüsselphänomen gegenwärtiger Transformationsprozesse und kann daher transdisziplinär als Basis dienen, Staat und Gesellschaft zu verstehen (ebd.:2). Ein in diesem Sinn besonders interessantes „Guckloch" liefert irreguläre internationale Migration.

Zwei theoretische Basiskonzepte, die unter dem Eindruck von Migration Bedeutungswandel durchlaufen, sind politisches Subjekt und Handlungsfähigkeit. Allgemein betreffen politikwissenschaftliche Studien zum politischen Wirken von MigrantInnen häufig die Fragen von Bewegungsfreiheit, Transnationalität und Diaspora. Geht es um MigrantInnen als politische Subjekte und ihr Handeln innerhalb der Aufnahmestaaten, dann werden *Staatsbürgerschaft* als erworbener/verliehener Status und *Integration* als gesellschaftliche Einbindung gängigerweise zu Schlüsselbegriffen.[2]

2.1. Integration

2.1.1. ... als Handlung des Nationalstaates

In der Politikwissenschaft steht bei dem Wort *Integration* der Staat im Mittelpunkt. Auch in Bezug auf die *Integration* von Personen drückt der Begriff ein top-down-Verständnis von Zusammenleben aus: ein paternalistischer Staat ist die entscheidende Instanz des Integrierens und dem/der Einzelnen bleibt wenig Handlungsspielraum. Dabei suggeriert *Integration* eine Idealvorstellung von absoluter „Gleichheit" und Homogenität all jener, die einmal im (National-)Staat eingebunden sind (Danese 2000:25f, Favell 2005).

---

2 *Integration* und *Staatsbürgerschaft* sind, wie gezeigt werden wird, keine „wertfreien" Konzepte. Sie stehen – gemeinsam mit *Illegalität* – in dieser Arbeit genau für jene vorhandenen diskursiven Systeme in der Migrationspolitik, die Gesellschaft politisch ordnen, durch die Abgrenzung produziert wird und in deren Verhandlung sich politische Handlungsmöglichkeit eröffnet. Einschlüsse und Ausschlüsse geschehen dabei nicht nur über den rechtlichen, sondern auch über den ökonomischen Status sowie über die Kategorien Mann und Frau. Mit diesen kursiv gesetzten Begriffen sowie mit wörtlichen Referenzen unter Anführungszeichen möchte ich gerade den Bezug zu vorherrschenden Konstuktionen ausdrücken. Das Wort *Staatsbürgerschaft* wird bewusst nicht geschlechtsoffen geschrieben, da auch der männliche Charakter dieser Konstruktion spezifische Konsequenzen für (Nicht-)Staatsbürger*Innen* hat – also für die konkreten Männer und Frauen, die die vorhandenen Staatsbürgerschaftsurkunden erlangen oder eben nicht. Wo es darum geht, das Verhandeln dieser Konstruktion zu betonen, verwende ich lieber die Worte *Citizenship* und *Citoyenneté* – die eine Abgrenzung zum staatsbürgerlichen als einem rein administrativen, rein bourgeoisen oder einem rein männlichen Verständnis leichter machen.

Wenn *Integration* in Untersuchungen zum zentralen Begriff wird, dann werden MigrantInnen dabei leicht vom Forschungsobjekt zum Objekt (der *Integration*) schlechthin (Danese 2000:31),[3] und je nach staatlichem Selbstverständnis werden manche Gruppen auch ganz „vergessen" – zum Beispiel wenn in Integrationsberichten Personen ohne regulären Aufenthaltsstatus von vornherein aus der Untersuchung ausgeschlossen werden. Dort wird *Integration* auf irreguläre MigrantInnen nämlich häufig deshalb nicht angewendet, weil sie sich nicht im untersuchten Staatsgebiet aufhalten *sollten* und zwar unabhängig davon, ob sie vielleicht trotzdem integriert sind (Cholewinski 2005:17). *Integration* wurde deshalb auch als performativer Begriff beschrieben, weil mit der Rede von ihr eine Trennung zwischen „illegalen" und legalen MigrantInnen vorgenommen wird. Dazu kann sie auch gezielt benutzt werden, wenn – ohne empirischen Beleg – behauptet wird, die Präsenz von Personen mit irregulärem Aufenthalt würde der „guten Integration" jener mit regulärem im Wege stehen (Siméant 1998:33). Gewollt oder nicht, wird dieser Effekt in manchen wissenschaftlichen Arbeiten reproduziert.

Gerade hier scheint es wichtig, den Kontext von Publikationen zum Thema Migration zu reflektieren. Aufgrund ihrer politischen Aktualität ist Migrationsforschung häufig „angewandt", aber auch zur Anwendbarkeit beauftragt. Die Finanzierung kommt oftmals von nationalen und supranationalen Regierungsorganisationen wie der Europäischen Kommission, der OECD oder den Vereinten Nationen, die Forschungsresultate in Form von Policy-Formulierungen fordern. Ein gewisser Grad von „Embeddedness" ist daher ein strukturelles und inhaltliches Problem, mit dem die heutige Migrationsforschung konfrontiert ist (Bommes/ Morawska 2005:6).

2.1.2. ... als Handlung von MigrantInnen

Die neuere Integrationsforschung versucht, sich von top-down-Ansätzen, die den (National-)Staat als einzigen Akteur konstant setzen, wegzubewegen. Sie steht für Perspektiven „von unten", in denen das Handeln von MigrantInnen in den Vordergrund rückt. Politikwissenschaftliche Kategorien wie Partizipation werden von rein konventionellen Formen (aktives und passives Wahlrecht, konsultative Gremien,...) auf nicht-konventionelle Formen (Proteste, Kundgebungen, Hungerstreiks,...) ausgedehnt. Diese nicht-konventionellen Formen individuellen und kollektiven Handelns setzen voraus, dass sich auch nicht-nationale Identitäten herausbilden. Selbstverständnis und Eigenwahrnehmung von MigrantInnen rücken also in den Fokus des Interesses (Bauböck u.a. 2006:17).[4] Auch in der

---

3 „Les immigrés sont tout d'abord un *objet* d'étude. Ils risquent cependant de devenir un *objet* tout court." (Danese 2000:31) [„MigrantInnen sind zu allererst ein Forschungs*objekt*. Sie laufen jedoch Gefahr, ganz einfach ein *Objekt* zu werden."]
4 „These less conventional and extra-parliamentary forms of political participation generally presuppose the formation of a collective actor characterised by a collective identity and some degree of organisation through a mobilisation process. In the context of non-conventional participation,

Politikwissenschaft werden soziale Beziehungen für das Verständnis von Integrations-Prozessen neu gewichtet. Sprachlich drückt sich dieser Wechsel zu einer bottom-up-Perspektive in den Begriffen „belonging", „togetherness" und „vivre ensemble" aus. Diese lösen in der französisch- und englischsprachigen Literatur das Wort *Integration* ab.

Ein Ansatz dazu sind sogenannte „livelihood"[5]-Studien, die alltägliche Lebensbedingungen und praktisches Handeln von MigrantInnen unabhängig von deren rechtlicher Position im vorhandenen politischen System untersuchen. Hier werden reguläre und irreguläre MigrantInnen als AkteurInnen sichtbar; irreguläre besonders in Arbeiten mit soziologischer und ökonomischer Ausrichtung (Alt 2003, Engbersen 1999, Jordan 1999, Van der Leun 2003).

Untersuchungen, die die Arbeit von irregulären MigrantInnen zum Gegenstand haben, helfen, den Blick auf ihr Handeln und ihre Einbindung zu schärfen – nicht nur in einem wirtschaftlichen Sinn. Sie zeigen „de facto"-Integration, indem etwa die Rolle von Personen ohne offiziellen Aufenthaltstitel für verschiedene Wirtschaftszweige untersucht wird (Europäisches Bürgerforum/CEDRI 2004, Terray 1999) oder indem gefragt wird, in welchem Verhältnis die Existenz irregulärer MigrantInnen zur globalisierten Wirtschaftspolitik steht (Harris 1995 und 2002, Jordan/Düvell 2002, Moulier Boutang 1997). Die Bandbreite der Darstellungen erstreckt sich dabei von EinwanderInnen als systemerhaltende Arbeitskräfte im Niedrigstlohnsektor bis zum migrantischen Entrepreneur,[6] gemeinsam ist ihnen aber ein Perspektivenwechsel: Sie fragen weniger, was der Staat für MigrantInnen tut, sondern was MigrantInnen eigentlich für den Staat tun.

---

political mobilisation refers to this process of building collective identity and agency." (Bauböck u.a. 2006:17) [„Diese weniger konventionellen und außer-parlamentarischen Formen politischer Partizipation setzen generell die Herausbildung eines kollektiven Akteurs voraus, der durch eine kollektive Identität und im Zuge des Mobilisierungsprozesses durch einen gewissen Grad an Organisation charakterisiert ist. Im Kontext nicht-konventioneller Partizipation verweist *politische Mobilisierung* auf diesen Prozess, eine kollektive Identität und Handlungsfähigkeit herauszubilden."]
5 Der Begriff der Lebenswelt beschreibt den „[...] gesamten gesellschaftlichen Erfahrungsraum des Menschen, der von Individuen, Umwelt und Ereignissen bestimmt ist". (Nohlen/Kriz 1994:238) In den Sozialwissenschaften steht er ab den 1980er Jahren für eine Wendung weg von Makroprozessen und -strukturen als Untersuchungsgegenstand hin zu direkter Erfahrung, Partizipation und Handlung. In der Politikwissenschaft wurde er vor allem verwendet, um die Neuen Sozialen Bewegungen zu erforschen (Hitzler/Honer 1991).
6 Die Sichtweise von MigrantInnen als (transnationale) UnternehmerInnen wird auch auf Ebene der Vereinten Nationen vorangetrieben: Der UN-High Level Talk im September 2006 zum Beispiel thematisierte, wie MigrantInnen durch ihre Rücküberweisungen und Finanztransfers ins Herkunftsland („remittances") zu AkteurInnen der internationlen „Entwicklungshilfe" würden (http://www.un.org/esa/population/hldmigration [12.11.2006]).

2.2. Citizenship von MigrantInnen

2.2.1. ... als legaler Status: denizens, margizens, transnational Citizenship

Die Sicht von und auf MigrantInnen in einer Gesellschaft verschiebt sich. Dabei werden auch Konzepte von *Staatsbürgerschaft* überarbeitet, die AkteurInnen-Status und politische Mitgliedschaft in sich ändernden sozialen Verhältnissen fassbar machen sollen. Der schwedische Politikwissenschafter Tomas Hammar erklärte, dass aufgrund der zahlreichen „de facto"-Beziehungen, die die Mitgliedschaft in einem Staat ausmachen, eine politische Unterscheidung in „citizens" und „aliens" nicht (mehr) ausreichend sei (Hammar 1990). Er führte deshalb den Begriff „denizen" für „foreign citizens with a legal and permanent resident status"[7] ein (ebd.:15). An diesem neuen Ausdruck machte er fest, dass es an Kongruenz zwischen informeller und formeller Mitgliedschaft fehle. Angesichts dessen argumentierte er für die Ausweitung politischer Rechte und leichtere Einbürgerungen und schlug – unter der Voraussetzung regulären Aufenthalts – folgende Prozesse des Übergangs vor: Nach einer gewissen Aufenthaltsdauer sollten irreguläre MigrantInnen temporäre Aufenthaltstitel erhalten („regularization"); längerer temporärer Aufenthalt sollte den Zugang zu permanenten Aufenthaltsgenehmigungen ermöglichen („denizisation"). Diese wären wiederum die Grundlage dafür, sich nach einer bestimmten Aufenthaltsdauer einzubürgern und die *Staatsbürgerschaft* zu erhalten („naturalisation"). Für jeden dieser Schritte, die im jeweiligen Migrationsrecht zu definieren wären, sollte es – wie es im Strafrecht üblich ist – nicht nur Minimalzeiten, sondern auch Maximalzeiten geben sowie völkerrechtlich verankerte Standards.

Andere knüpften an Hammars *Citizenship*-Modell an und definierten auch die Marginalität als politische Position in einem Staat: Am Beispiel der europäischen Unionsbürgerschaft entwickelt der italienische Sozialwissenschafter Marco Martiniello die Kategorie der „margizens", also einer Person in einem Staat mit stark eingeschränktem politischen, zivilen, sozioökonomischen und oft gar keinem, weil illegalem Status (Martiniello 1994:41f). Beide Begriffe, „denizen" und „margizen", dienen letztlich der Sichtbarmachung von Individuen im Verhältnis von Gesellschaft und politischer Gemeinschaft und versuchen, Widersprüche zwischen diesen beiden auszudrücken.

Als Antwort auf geänderte Lebensverhältnisse in Gesellschaften mit Migration formulierte der österreichische Politologe Rainer Bauböck ein Modell transnationaler *Citizenship* (Bauböck 1994). Wenn *Citizenship* ihre Bedeutung als Mitgliedschaft von Gleichen behalten wolle, müsse sie transnational definiert werden. Teilnahmerechte für MigrantInnen sollten daher ausgeweitet, Rückkehrrechte gestärkt, Eintrittsbeschränkungen gelockert und Grenzen graduell geöffnet werden. Sowohl bei Hammars als auch bei Baubök Modell erweiterter *Citizenship*

---

7 „ausländische StaatsbürgerInnen mit einem legalen und permanentem Aufenthaltsstatus"

in gegenwärtigen Demokratien bleibt aber der „legale" Aufenthalt von Personen die Voraussetzung für einen Status und politische Mitgliedschaft.[8] Mit diesen Versuchen, Sichtweisen und demokratische Kategorien zu adaptieren, wurden aber auch die Grenzen von Demokratisierung in Zeiten transnationaler Migration thematisiert: Bauböck fügte seinem transnationalen Modell die Warnung hinzu, dass *Citizenship* kein akkumulativ evolutionärer Prozess sei und mit jeder Bewegung, Forderung und Änderung ihre grundlegende Bedeutung dem Zerfall ausgesetzt sei (Bauböck 1994:244). Ebenfalls wurde gefragt, wie sich die Logik von grenzüberschreitender Bewegungs- und Arbeitsfreiheit mit Loyalität, Stabilität und Solidarität in einer transnationalen politischen Gemeinschaft vereinen ließe (Jordan/Düvell 2002:240-241). Angesichts globalisierter politischer und ökonomischer Verhältnisse im internationalen System, in dem nationalstaatliche Kompetenzen sich verschieben und ausgelagert werden, wurde schließlich bezweifelt, ob *Citizenship* in postdemokratischen Zeiten überhaupt noch möglich wäre (Crowley 2003).[9] Demokratie würde auf jeden Fall ihre Substanz verlieren, wenn sie auf Level aufgeteilt und nicht als Ganzes ausgeweitet werde (ebd.:126).

2.2.2. ... als soziale Praxis: Citizenship in practice und Sans-Papiers

Gleichzeitig zu Modellen, die *Citizenship* den sozialen Verhältnissen anpassen wollen, entwickelt sich in der Migrationsforschung ein Strang, der *Citizenship* ganz prinzipiell nicht als ein rechtliches, sondern als ein soziales Verhältnis zwischen Individuum und Staat begreift. Bereits das transnationale Modell Baubocks definiert Partizipation als ihre „aktive Dimension" (Bauböck u.a. 2006:81).[10] Modelle sozialer *Citizenship* nehmen nun Partizipation überhaupt erst als Ausgangspunkt und stellen dem legalen Titel „von oben" eine soziale Praxis „von unten" gegenüber: Aus der klassischen Unterscheidung des britischen Soziologen

---

8 Hammar unterscheidet zwischen „residence" (unabhängig vom Rechtsverhältnis zwischen Individuum und Staat) und „domicile" (gebunden an legale Einreise und Aufenthalt). Nur lang andauerndes und legales Domizil wäre die Basis für „informal and internal citizenship" (Hammar 1994:189). Bauböck differenziert graduell „belonging", „social ties" und „citizenship" als Formen von Mitgliedschaft. Gesellschaftliche Bindung sei „question of fact much more than of will" (Bauböck 1994:172) und politische Bindung „question of will more than of fact" (ebd.:174). Die ersten beiden Mitgliedschaften seien daher sozial begründet, die dritte aber Gegenstand eines legalen Vertrages.

9 „We may be entering a world in which political systems have some of the traditional features of democracy – competitive elections, constitutionalism, the rule of law, dispersal of power, public opinion –, but within which, nonetheless, it is impossible to be in any real sense a *citizen*." (Crowley 2003:113) [„Wir könnten in eine Welt eintreten, in der politische Systeme einige der traditionellen Eigenschaften von Demokratie haben – kompetitive Wahlen, Verfassungskonformität, Gesetzesherrschaft, Gewaltenteilung, öffentliche Meinung –, in der es aber trotzdem unmöglich ist, in irgendeinem richtigen Sinn *citizen* zu sein."]

10 „It refers to the various ways in which individuals take part in the management of collective affairs of a political community." (Bauböck u.a. 2006:17) [„Es bezieht sich auf die verschiedenen Arten, wie Individuen an der Handhabe kollektiver Belange einer politischen Gemeinschaft Anteil nehmen."]

Thomas H. Marshall (1977) zwischen bürgerlichen, politischen und sozialen Rechten leitet die französische Sozialwissenschafterin Riva Kastoryano die Kategorie der „social citizens" ab (Kastoryano 2002). Diese würden nicht unbedingt von politischen Rechten profitieren, jedoch von sozialen, wie etwa dem Recht auf Sozialhilfe (ebd.:107). Umgekehrt sei in einem Konzept von „citizenship in practice" konventionelle politische Teilhabe nicht die Voraussetzung sozial-/ politischer Mitgliedschaft, denn *Citizenship* bilde sich erst auf Basis sozialen Handelns. Praktische *Staatsbürgerschaft* sei der Ausdruck von Engagement in einer politischen Gemeinschaft, das sich in offiziell anerkannten Vereinen ebenso äußern könne wie in lokalen Kulturaktivitäten und „communities". Mit diesen Formen von Bindung und Beteiligung könne sich unabhängig von Staatsbürgerschafts-Papieren eine „citizen identity" begründen (ebd.).

An diese Konzepte anschließend stellt sich die Frage, ob sich *Citizenship* nicht nur „von unten" sondern auch „gegen oben" aktivieren kann – wie im Fall von irregulären MigrantInnen, die nicht nur keinen staatlich verliehenen Mitgliedschaftsstatus haben, sondern gerade weil sie sich in einem Staat aufhalten und dort sozial agieren als „illegal" eingestuft werden.

Es wurde darauf hingewiesen, dass auch irreguläre MigrantInnen TrägerInnen (sozialer) Grundrechte sind (Cholewinski 2005). Als politische AkteurInnen von *Integration* und *Staatsbürgerschaft* werden sie aber nach wie vor selten berücksichtigt. In manchen deutschsprachigen sozialwissenschaftlichen Arbeiten scheint dabei ein Verständnis vorzuherrschen, in dem ausschließlich der Staat das politische Handeln bestimmt.[11] Sehr lebhaft diskutiert wird *Citizenship* unter dem Eindruck irregulärer Migration hingegen nicht zufällig in Frankreich. Zwar ist das politische Engagement irregulärer MigrantInnen kein französisches Unikum,[12] dort dürfte mit den Sans-Papiers eine solche Bewegung jedoch die längste Geschichte und die größte Aufmerksamkeit haben. Ebenfalls dort sprach die senegalesische Germanistin Madjiguène Cissé, eine Hauptakteurin in den Anfangszeiten der Sans-Papiers, selbst von einer „citoyenneté sans papiers" (Cissé 1999:81). Das Spektrum der französischsprachigen Literatur reicht dabei von soziologischen Untersuchungen, die auf Ressourcen, Mobilisierung und Demobilisierung abzielen (Danese 2000, Siméant 1998) bis zu juristischen Analysen der Regularisierung von Sans-Papiers im Kontext ihrer Proteste (Poelemans/Sèze 2000). Der französische Philosoph Etienne Balibar spricht von einer *Staatsbürgerschaft* durch

---

11 Zwei Beispiele dafür: „Amtlich dokumentiert und damit ‚öffentlich' wird Illegalität erst bei einem Kontakt zwischen den Organen des Staates und dem Migranten ohne Aufenthaltsrecht." (Lederer 1999:64); „Das Verhalten von Illegalen unterliegt zwar regelmäßig einem starken Anpassungs- und damit Wandlungsdruck, gerade sie selbst dürften jedoch am wenigsten in der Lage sein, die Gesellschaft, in der sie leben, entscheidend zu verändern." (Eichenhofer 1999:15) Für eine differenziertere Perspektive auf die Frage der Öffentlichkeit im Kontext von Sans-Papiers steht der österreichische Philosoph Stefan Nowotny (Nowotny 2005a / 2005b).

12 Gruppen irregulärer MigrantInnen sind etwa auch in Spanien, Belgien, Deutschland und der Schweiz sowie in den USA politisch aktiv.

„contribution, présence und activité dans l'espace social" (Balibar 2001:89),[13] die nicht von einem regulären Aufenthalt abhängig ist. Die „Indizien" dafür hatte er in Zusammenarbeit mit SozialwissenschafterInnen gesammelt (Balibar u.a. 1999). Die Politikwissenschafterin Catherine Wihtol de Wenden resümiert die Mobilisierung der Sans-Papiers als „sorte de citoyenneté en creux, par anticipation" (Wihtol de Wenden 2001:68).[14] Die genaue Bedeutung dieser *Citoyenneté* im Verhältnis zur „legalen", staatlich vergebenen, bleibt jedoch bislang offen. Nichtsdestotrotz werden Sans-Papiers in der französischen Forschung seit einem Jahrzehnt kontinuierlich bei den Debatten um *Staatsbürgerschaft* und *Integration* als AkteurInnen mituntersucht und mitgedacht: siehe Brun 2006, Decourcelle 2006, Fassin/ Morice 2001, Leveau u.a. 2001 und 2003, Marin 2006, Wihtol de Wenden 2002.

2.3. Dilemma Demokratisierung?

Die Frage nach dem politischen Handeln von irregulären MigrantInnen spitzt drei Probleme zu, an denen die europäische Migrationsforschung zu *Integration* und *Staatsbürgerschaft* kontinuierlich gearbeitet hat:
- Wie lassen sich top-down-Ansätze „von oben" (Strukturen/Recht) und bottom-up-Ansätze „von unten" (AkteurInnen/Praxis) verbinden (Bauböck u.a. 2006)?
- In welcher Beziehung stehen politische Gemeinschaft und sich ändernde „soziale Verhältnisse" und wie wird Veränderungen in dieser Beziehung Rechnung getragen (Demokratisierung „von oben" oder „von unten")?
- Kann Demokratisierung im „Zeitalter der Migration" stattfinden, ohne ihren Inhalt und ihre Bedeutung zu verlieren?

Angesichts sich international transformierender Staaten- und Lebensverhältnisse stehen die vorgestellten Ansätze bis zu einem gewissen Grad für die Öffnung von rechtlichen Kriterien „von oben" und für die Hinorientierung zu sozialen Praxen „von unten", für die Abkehr von konventionellen hin zu nicht-konventionellen Formen der Partizipation und von formellen hin zu informellen Formen der Mitgliedschaft.

Diese Verschiebungen und Öffnungsprozesse bedeuten allesamt Umdeutungen politischer Kategorien im Hinblick auf neu wahrgenommene „Realitäten". Sie stoßen schließlich auf die Frage, ob soziale Mitgliedschaft in politischer Mitgliedschaft repräsentiert wird (was bedeuten würde, dass soziale Gemeinschaft der politischen vorgelagert ist) und auf welcher Grundlage bestimmte „soziale Verhältnisse" als politisch relevant gedeutet werden und andere nicht.

In seiner Arbeit zu transnationaler *Citizenship* kam Bauböck zu dem Schluss, dass es keine demokratische Diskussion über die Grenzen von Demokratie geben könne – diese seien immer Produkt historischer Prozesse – sondern nur deren Anpassung an geänderte soziale Verhältnisse (Bauböck 1994:201). Bedeutet „Anpas-

---

13 „Beitrag, Anwesenheit und Aktivität im sozialen Raum"
14 „eine Art der Staatsbürgerschaft im Leeren, durch Antizipation"

sung" aber wiederum, dass Demokratisierung nur „von oben" möglich ist, einzelne AkteurInnen auf sie keinen Einfluss haben können und damit die ganze Diskussion um Präsenz und „practice" hinfällig ist? Oder kann sich etwa schon damit, dass Demokratisierung gefordert wird, die Wahrnehmung sozialer Verhältnisse als Basis für politische Gemeinschaft wandeln – und die demokratische „Anpassung" damit beginnen, dass das Wort „Demokratisierung" ausgesprochen wird?

Hier beginnt ein diskurstheoretischer Ansatz von politischer Mitgliedschaft und Handlungsfähigkeit, wie ich ihn in dieser Arbeit verfolgen möchte. Er soll helfen, die Brücke zwischen der strukturellen Ebene und jener von AkteurInnen zu schlagen. Er kann zeigen, dass die Deutung des Sozialen immer schon politisch ist und wie man schon durch Artikulation („in practice") als politisches Subjekt („citizen") wirksam wird. Er bietet aber auch eine mögliche Antwort auf die Sorgen vor einer *grenzenlosen* Demokratisierung.

Diskurstheorie ermöglicht es, zunehmende irreguläre internationale Migration in ihrer vielschichtigen Konstruiertheit zu verstehen, und die Grundkategorien politisches Subjekt und politisches Handeln in ihr. Diskurstheoretisch eröffnet sich auch eine Perspektive auf das Handeln von MigrantInnen als (noch) nicht anerkannte, nicht gewollte oder geleugnete AkteurInnen. Im Fall irregulärer MigrantInnen zeigt sie deren politische Bedeutung in einer Demokratie, aus der sie auf Basis nationaler Gesetze genauso gut täglich abgeschoben werden können.

3. Diskurstheoretisches Erkenntnisinteresse

Politik diskursiv zu verstehen, heißt grundsätzlich nach der Produktion von Bedeutung zu fragen und nach der Bedeutung von Bedeutungen. Für die Debatten um *Integration* und *Staatsbürgerschaft* legt ein diskursiver Zugang nahe, zu untersuchen, wer eigentlich als Teil von Gesellschaft wahrgenommen wird und wie. In einem nächsten Schritt kann gefragt werden, welche Bedeutung diesen Teilen im Verhältnis zur politischen Gemeinschaft gegeben wird und welche Funktionen diese Bedeutungen im Verhältnis zur politischen Gemeinschaft erfüllen.

Da dieser Prozess der Bedeutungsproduktion anfangs vor allem sprachlich verstanden wurde, begann man ihn als diskursiv und sein System als Diskurs zu beschreiben – abgeleitet vom Französischen Wort „discours" für „Ansprache", „Rede". Wesentlich geprägt wurde der Begriff in den 1960er und 1970er Jahren denn auch vom französischen Philosophen Michel Foucault. Durch seine Arbeiten und durch die Neuen Sozialen Bewegungen dieser Zeit wurden politische TheoretikerInnen wie Chantal Mouffe aus Belgien und Ernesto Laclau aus Argentinien sowie im Bereich der Philosophie der Franzose Jacques Rancière und die US-Amerikanerin Judith Butler beeinflusst. In einem „linguistic turn" begannen sie alle, Politik in sprachlichen Strukturen zu denken.

Der Ausgangspunkt der Diskurstheorie[15] ist zunächst einmal ein dekonstruktivistischer: Es wird nach „Schwächen, Mehrdeutigkeiten und Lücken" politischer und ideologischer Systeme gefragt (Donati 2001:147). Nicht umsonst nahm die sozialwissenschaftliche Diskursforschung ihren Ursprung mit Beginn der 1990er Jahre in poststrukturalistischen, postkolonialen, postmarxistischen und feministischen Kontexten (Keller u.a. 2001:10). Gegenstände konkreter Untersuchungen waren häufig Nationalismus, Rassismus und Massenmedien sowie die Neuen Sozialen Bewegungen (Smith 1998:202, Torfing 1999:189f). Diskursforschung muss nicht in „dekonstruktive Eskalation" (Laclau/Mouffe 2000[1991]:135) münden – denn auf Dekonstruktion aufbauend wird politisches Handeln im diskursiven System und durch diskursive Mittel untersuchbar.

Die Frage nach dem politischen Subjekt und politischer Handlungsfähigkeit stellt sich dabei immer nur in Bezug auf ein diskursives Umfeld. Struktur und AkteurIn sind demnach untrennbar verbunden. Der Weg, eine/n AkteurIn so zu verstehen, kann nach Judith Butler daher in drei Schritten aufgebaut sein: zuerst die diskursive Konstruktion und die Kategorien des eigenen Denkens verstehen und sichtbar machen, dann deren Widersprüche als „den nicht eingenommenen Rest" fassen und daraus resultierend Handlungsfähigkeit untersuchen (Butler 2001:32f).

---

15 Die Diskurstheorie ist abzugrenzen von Gesprächsanalyse, Diskursethik und kulturalistischer Diskursanalyse (Keller u.a. 2001:10-13).

Vor dem Hintergrund der diskursiven Konstruktion von *Illegalität* in Frankreich und der Europäischen Union und den darin enthaltenen Widersprüchen möchte ich daher in dieser Arbeit nach der politischen Handlungsfähigkeit von Sans-Papiers in der europäisch-französischen Migrationspolitik fragen:

Warum haben Sans-Papiers Agency in der europäisch-französischen Migrationspolitik?
Durch welche diskursiven Praxen ...
  1) ... sind irreguläre MigrantInnen als politische Subjekte in der europäisch-französischen Migrationspolitik möglich?
  2) ... haben irreguläre MigrantInnen Handlungsmöglichkeiten in der europäisch-französischen Migrationspolitik?

Agency umfasst ein Subjekt und dessen Handlungsfähigkeit durch diskursive Praxen, die in Beziehung zu einer diskursiven Ordnung stehen.

Irreguläre MigrantInnen sind Personen deren Einreise, Aufenthalt und/oder Niederlassung den diesbezüglich geltenden Gesetzen in einem Staat, dessen Staatsbürgerschaft sie nicht besitzen, widersprechen. Im Hinblick auf die Frage nach Agency in einem politischen System sind damit Personen gemeint, die sich über eine längere Zeitspanne in einem Staat aufhalten, sodass von „Bleiben" oder Niederlassen gesprochen werden kann.

Europäisch-französische Migrationspolitik meint in einem engeren Sinn die Prozesse und das Zusammenwirken der institutionalisierten AkteurInnen mit direkter und indirekter Kompetenz zur Regelung der Zutritte von Personen nichteuropäischer Staatsbürgerschaft nach Frankreich („flows") sowie zur Regelung ihrer Anwesenheit und Partizipationschancen („stocks"). In einem weiteren Sinn sind darunter alle AkteurInnen zu verstehen, die an vorausgehender, mitbestimmender, interpretierender und widersprechender öffentlicher Bedeutungsproduktion zu diesen Entscheidungsprozessen beteiligt sind; vor allem Medien, NGOs, Kirchen, Unterstützungs- und Selbstorganisationen.

4. Methode

Wenn politische Handlungsfähigkeit aus der *Illegalität* und „in practice" als Bedeutungsproduktion untersucht werden soll, dann wird alles Material dafür zum Text. „Text" kann dabei schriftlich, mündlich aber auch nonverbal und aktionistisch sein – also jegliche Form von Handeln. Es gibt a priori keine Wertung und Gewichtung von unterschiedlichen Textformen, und Sinn ergeben sie erst durch ihr Zusammenwirken. DiskursforscherInnen werden daher häufig zu „methodological bricoleurs" (Torfing 1999:292).

Um die Konstruktion von *Illegalität* und ihre Widersprüche in Bezug auf MigrantInnen zu verstehen, stütze ich mich zuerst einmal auf die vorhandene Literatur zur französischen und europäischen Migrationspolitik und versuche dabei, die wesentlichen Phasen, ihre Merkmale und Tendenzen herauszuarbeiten. Zusätzlich zu den sozialwissenschaftlichen Quellen verwende ich dazu auch Berichte von NGOs und andere „engagierte" Publikationen von Personen und Gruppen, die sich als UnterstützerInnen direkt mit der Lebensrealität irregulärer MigrantInnen auseinandersetzen (AutorInnenkollektiv 2000, Cimade 2006b, Gintzburger/RESF 2006).

Neben den französischen Tageszeitungen „Le Monde" und „Libération" haben mir die Newsletter „Migration und Bevölkerung", „Migration Information Source" und „PICUM Newsletter"[16] geholfen, aktuelle Ereignisse in Kontinuität zu setzen und die Geschehnisse in Frankreich in einem europäischen Rahmen zu verstehen. Die französischen Mailinglisten „Zpajol" und „Multitudes-Info" waren für mich zusätzlicher Input zum politischen Geschehen aus der Sicht von Personen „sur le terrain" und zugleich die Hauptquelle, um selbst mit Sans-Papiers in Kontakt treten zu können.

Konkret zur Agency der Sans-Papiers diente die französische sozialwissenschaftliche Literatur für einen Überblick über die Jahre 1996 bis 2006, für Kontextualisierung und empirische Detailergebnisse zu bestimmten Protestformen und Unterstützungsgruppen. Mit Ababacar Diop (1997) und Madjiguène Cissé (1999) haben außerdem zwei der HauptakteurInnen der Besetzungen von Saint-Ambroise und Saint-Bernard, wo die kontinuierliche Mobilisierung der Sans-Papiers 1996 ihren Anfang nahm, in Buchform ihre „témoignages" („ZeugInnenberichte") publiziert.

4.1. Teilnehmende Beobachtung und Interviews

Das Hauptmaterial für die Analyse von Agency lieferten Sans-Papiers von fünf Kollektiven im Großraum Paris: des 9ème Collectif de Sans Papiers, der Kollektive des 19. und 20. Bezirks in Paris, des Collectif de Montreuil pour les Droits de Sans Papiers und von der CSSP association Solidarité Sans-Papiers 93 (im Fol-

---

16 Die jeweiligen Internetadressen sind in einer Liste im Literaturverzeichnis gesammelt.

genden abgekürzt als 9ème, 19e, 20e, Montreuil, St-Denis). Die Gespräche mit Mitgliedern dieser Kollektive und die Handlungen, die ich bei einigen ihrer Versammlungen beobachten und in zusätzlich geführten Interviews nachfragen konnte, sind der eigentliche „Text" für diese Arbeit.
Allgemein wird in der Literatur festgestellt, dass praktische Forschungsarbeit mit illegalisierten MigrantInnen vor mehrere Probleme gestellt ist: dies betrifft etwa Fragen des Vertrauens, relativ schwere Planbarkeit der Gesprächsbedingungen, Diskrepanzen der Erfahrungs- und Lebenswelten zwischen Forscherin und „Beforschten" (Alt 2003). Will man einmal die Bibliotheken und Mediensäle verlassen, also beim „Gang ins Feld", ist daher Flexibilität gefragt (Cornelius 1982, Danese 2000).
Der Zugang zu illegalisierten Personen, der bei vielen Untersuchungen als besonders schwierig beschrieben wird, stellt sich bei Sans-Papiers nicht als eine solche Hürde dar. Im Gegenteil handelt es sich ja um organisierte und mobilisierte Kollektive, die sich bewusst für den „Gang in die Öffentlichkeit" entschieden haben. Kontaktdaten, Treffpunkte und Termine werden daher öffentlich kommuniziert und waren mir über Flugblätter und Plakate, vor allem aber über Internetseiten und die Mailingliste Zpajol zugänglich. Im Zeitraum von September 2005 bis August 2006 verfolgte ich daher in Paris die größeren Mobilisierungen von Sans-Papiers und der Plattform Uni(e)s Contre une Immigration Jetable (UCIJ), die sich aus Protest gegen das jüngste französische Migrationsgesetz gegründet hatte, und trat im Zuge dessen mit Mitgliedern der Kollektive in Kontakt.
Im Laufe des Juli 2006 konnte ich dann bei den vier Kollektiven 9ème, 19e, Montreuil und St-Denis aus dem Großraum Paris an Organisations- und Vorbereitungstreffen, an wöchentlichen Generalversammlungen, öffentlichen Protestkundgebungen und Demonstrationen teilnehmen.[17] Dabei konnte ich mit vielen Mitgliedern über ihr politisches Handeln, den Alltag im Kollektiv und ihre persönliche Migrationsgeschichte sprechen. Wie es auch der US-amerikanische Politikwissenschafter Cornelius schildert, wurde gerade in informellen Situationen offen und ausführlich erzählt (Cornelius 1982:399) – oft auch auf Initiative der Personen selbst. Während dieser Gespräche verzichtete ich darauf, unmittelbar Notizen zu machen, um meine GesprächspartnerInnen und die anderen Anwesenden nicht zu unterbrechen oder zu irritieren. Erst im Nachhinein wurden Eindrücke schriftlich festgehalten. Die Absicht, diese Arbeit zu schreiben, legte ich von Beginn an offen, versuchte dann aber, mich im Sinn einer explorativen, möglichst offenen „teilnehmenden Beobachtung" als partizipierender Gast zu verhalten, dem die ExpertInnen ihre eigene Lebenswelt darstellen und erklären.
Zur Ergänzung und Vertiefung der teilnehmend-beobachtenden Perspektive führte ich mit acht Personen problemzentrierte semi-direktive Interviews.[18] Dabei wur-

---

17 Eine Liste der Versammlungen und Aktionen findet sich im Anhang.
18 „C'est à dire une conversation dirigée qui laisse à l'enquêté la possibilité de s'exprimer librement sans devoir répondre à des questions fermées, mais dont les thèmes fondamentaux sont en-

den Personen ausgewählt, die direkt in der Organisation des Kollektivs engagiert sind. Die Hälfte von ihnen hatte (mittlerweile) regularisierten Status. Ein Interview mit dem Präsidenten des Collectif du 19e kam – im Rahmen des Regularisierungserlasses waren gerade stapelweise Dossiers zu bearbeiten und Anträge einzureichen – leider nicht zustande. Hier sprach ich mit einem Mitglied, das nicht direkt mit der Organisation betraut ist, aber an der Mobilisierung sonst rege teilnimmt. Ein Gesprächspartner aus dem 20^e als fünftem Kollektiv, das in seiner Zielsetzung und Orientierung etwas abweicht, wurde einbezogen, um die Bandbreite der Mobilisierung der Sans-Papiers besser zu erfassen.

Vor den Interviews hatte ich für mich zentrale Fragen aufgeschrieben, versuchte dann aber, den Ablauf möglichst partizipativ zu gestalten, mich auf GesprächspartnerInnen und die jeweilige Gesprächssituation einzulassen (Danese 2000:147).[19] Wo die Bereitschaft dazu da war, die eigene „Geschichte" umfassender zu erzählen, achtete ich darauf in dieser Phase möglichst wenig zu intervenieren, um größtmögliche Heterogenität der Antworten zu erfassen (Cornelius 1982:395f). Erst im Anschluss formulierte ich problemzentriert weitere Fragen und fragte Nicht-Angesprochenes nach.

Wichtigste Voraussetzung, um mich möglichst auf mein Gegenüber einzulassen, war – so banal es klingt – während des ganzen Gesprächs Augenkontakt zu halten. Ein kleines unkompliziertes Aufnahmegerät ließ mir keine Möglichkeit, mich hinter einem Notizblock zu verstecken oder beim Hantieren mit dem Mikrophon abzulenken – und konnte somit meiner Meinung nach viel Nervosität (meiner GesprächspartnerInnen und von mir selbst) in eine relativ vertrauensvolle Atmosphäre übersetzen, so unterschiedlich der sonstige Rahmen auch ausfiel.

Die Wahl von Ort und Zeitpunkt überließ ich den GesprächspartnerInnen in der Absicht, dass sie sich während des Gesprächs möglichst sicher fühlen sollten. Die Settings variierten daher sehr stark – erlaubten mir aber einen kleinen Einblick in die vielen Lebensrealitäten „ohne Papiere": Gespräche fanden in Ein-Zimmer-Wohnungen statt, neben laufenden Cartoons und drei ebenso lebendigen Kindern, um 23 Uhr nach einem Arbeitstag, mit zwei zusammen wohnenden Kollektiv-Mitgliedern gleichzeitig, aber auch an öffentlichen Orten in Cafés oder im hintersten Eck eines „MacDo" an einem Nachmittag.

---

cadrés par des questions et des relances formulées par l'enquêteur." (Danese 2000:146) [„Das heißt ein geleitetes Gespräch, das dem/der Befragten die Möglichkeit lässt, sich frei auszudrücken ohne auf geschlossene Fragen antworten zu müssen, dessen grundlegende Themen aber durch die Fragen und Nachfragen des/der Forschenden einen Rahmen haben."] Non-direktive Interviews kann es diesem Verständnis nach nicht geben, da Kontext und Thema zu einem gewissen Grad immer von der Forscherin/dem Forscher vorgegeben werden (ebd.).

19 „La démarche adoptée est cependant participative et consiste à considérer l'entretien comme une rencontre dont les règles ne sont pas figées. Celles-ci existent à priori mais doivent être chaque fois adaptées." (Danese 2000:147) [„Die eingeschlagene Vorgehensweise ist jedoch partizipativ und besteht darin, das Gespräch als Treffen zu verstehen, dessen Regeln nicht fixiert sind. Jene gibt es von vornherein, sie müssen aber jedes Mal adaptiert werden."]

Besonders die Gespräche mit zwei Kollektiv-Mitgliedern gleichzeitig, die am Anfang eigentlich nicht vorgesehen waren, verliefen aussagestark und in guter Gesprächsatmosphäre. Für weitere Interviews würde ich diese Form daher wieder aufgreifen. Bei den Gesprächen in öffentlichen Lokalen wurde in diesen wenigen Interviews schnell ein Spektrum von Reaktionen auf die öffentliche Artikulation von Sans-Papiers deutlich: ein Kellner eines Cafés sah ein Flugblatt der Interviewten, bekannte sich ebenfalls „ohne Papiere" in Frankreich zu sein und schilderte ausführlich seine Eindrücke der politischen Situation („Il faut s'exprimer de temps en temps." Interview 31.7.06);[20] ein anderes Mal blieb ein Mann, der am Nachbartisch gesessen hatte, auf dem Weg aus dem Café vor meiner Gesprächspartnerin stehen, um sie verbal anzugreifen. Hier stellte sich mir die grundsätzliche Frage, wie ich meiner Verantwortung als Fragestellerin gegenüber meiner Gesprächspartnerin, die in diesem Fall konkret durch mein Fragen zur Artikulation ihrer Irregularität angeregt wurde, gerecht werden kann. Eine konkrete Empfehlung lautet daher, vorab explizit zu betonen, dass Gespräche sowohl in öffentlichen als auch in privaten Räumen möglich sind, sowie zu überlegen, was im öffentlichen Raum getan werden kann, um einen gewissen Schutz der Interviewten in der Interviewsituation zu garantieren.

4.2. Textinterpretation

Das in Frankreich gesammelte Material wertete ich nach Schlüsselkategorien von Agency aus, die ich aus den im folgenden Kapitel beschriebenen diskurstheoretischen Ansätzen ableitete. Die Transkripte wurden dazu passagenweise zuerst vertikal (dem Aufbau des Textes folgend) und dann horizontal (problemzentriert vergleichend) den jeweiligen Kategorien zugeordnet und wie folgt interpretiert:

- Autorisierung (nach Judith Butler) bedeutet, sich durch variierendes Wiederholen einer Zuschreibung als Subjekt in einer Gemeinschaft zu etablieren. Darunter fallen Formen, wie Sans-Papiers Zuschreibungen variieren und sich selbst definieren: sich einen eigenen Namen zu geben, Selbstbeschreibungen durch Aufzählen von Eigenschaften und Leistungen zu etablieren, sich in Beziehung zu anderen Subjekten und Diskursen zu setzen und dabei Rollen und Verantwortlichkeit zuzuweisen.
- Anteilnahme (nach Jacques Rancière) meint, durch Ansprache an eine Gemeinschaft eine Situation der „Gleichheit" „Als-ob" zu schaffen. Darunter fallen Formen, wie Sans-Papiers sich an die französische Gesellschaft wenden: Methoden, sich präsent zu machen, Informations- und Kommunikationsstrategien, Kooperationen und Netzwerke, Kontakte mit etablierten AkteurInnen und Verhandlungen mit Institutionen.

---

20 „Von Zeit zu Zeit muss man sich aussprechen."

- Demokratisierung (nach Ernesto Laclau und Chantal Mouffe) heißt Aktualisierung, Ausweitung und Vertiefung der Gültigkeit eines diskursiven Systems, das für seine legitimierten Mitglieder „Freiheit", „Gleichheit" und „Gemeinschaftlichkeit" behauptet. Sie kann durch legitimierte Mitglieder geschehen („Anpassung") sowie durch nicht-legitimierte Mitglieder („Aneignung"). Unter demokratische Aneignung fallen sprachliche und nicht-sprachliche Handlungen, mit denen Sans-Papiers in Analogie zu den legitimierten Mitgliedern auf Beteiligung, Schutz und Beitrag sowie auf die eigenen Rechte verweisen und diese Rechte und Pflichten einfordern.

Zur besseren Nachvollziehbarkeit der Ergebnisse möchte ich vorab auf folgende methodischen Probleme hinweisen:
- Für diese Arbeit habe ich deutsch-, englisch- und französischsprachige Publikationen verwendet, auf die ich zum Großteil über die Bibliotheken der Universität Wien und des Institut d'Études Politiques/Sciences Po Paris zugreifen konnte. Dort habe ich sehr viel Literatur gefunden, jedoch wenig, die außerhalb Europas oder Nordamerikas geschrieben oder publiziert worden wäre – etwa in Marokko, Algerien, Mali, Côte d'Ivoire, Mauretanien oder Senegal, um einige der Länder zu nennen, aus denen meine GesprächspartnerInnen kommen und wo Migration nach Europa ein wichtiges Thema ist. Die meisten AutorInnen, auf die ich mich stütze, wurden wie ich in Europa geboren und haben keinen „Migrationshintergrund". Wenn meine Arbeit hier also etwas mit europäischer Migrationsforschung zu tun hat, dann nicht nur weil ihr Gegenstand Migration in Europa ist, sondern auch, weil ich in alter Wissenschaftstradition Migration von einem Punkt aus betrachte, wo ich schon mein Leben lang war. Ich lege daher Wert darauf, dass es zwischen wissenschaftlicher Literatur und den Inhalten der Interviews vorab keine Wertung und Gewichtung von unterschiedlichen Textformen gibt. Der Fachartikel weiß nicht automatisch mehr als die Augenzeugin, oder umgekehrt.
- Wertung und Gewichtung erhalten sie durch mich – und durch Sie! Da ich diese Arbeit aber alleine durchgeführt habe, sind die Ergebnisse der Literaturrecherche, teilnehmenden Beobachtung und der Interviews vor allem an meine Person gebunden. Ich habe deshalb versucht, meinen eigenen Kontext zu dieser Arbeit in der Einleitung offen zu legen. Einige dieser persönlichen Eigenschaften (hörbar nicht aus Frankreich zu kommen, Alter, Geschlecht) beeinflussten sicherlich den Forschungsprozess. Ebenso ist anzunehmen, dass sie spezifische Verzerrungen wie soziale Erwünschtheit mit sich brachten. Umso mehr, da die Zahl und der Zeitraum der Interviews sehr beschränkt waren. Eine größer angelegte Untersuchung, durchgeführt in einem Team und über einen längeren Zeitraum, wäre daher nötig.
- Ein Grundproblem der Diskursforschung ist außerdem, dass sie sich „[…] in einem Spannungsfeld zwischen Detaillierungszwang und Verallgemeinerungs-

gebot" bewegt (Schwab-Trapp 2001:275): einerseits soll sie sehr detaillierte spezifische Ergebnisse liefern, dann aber andererseits Aussagen über Wirkungen treffen, die über den eigentlichen Untersuchungsgegenstand hinausgehen. Spezifische Unterkategorien herauszuarbeiten wurde als pragmatische Antwort auf diesen gordischen Knoten vorgeschlagen (ebd.).

- Knoten finden sich auch im Resultat von Diskursforschung, das natürlich ein wie auch immer gearteter Text und damit selbst Bedeutungsproduktion ist (Hirseland/Schneider 2001:398). Diskursorientierte Arbeit beteiligt sich an der Konstruktion des eigenen „Untersuchungsgegenstandes" (Keller u.a. 2001:15) – ohne dessen Einbindung und oft in universitärer Selbstbehauptungssprache. Schon eine Diplomarbeit allein kann davon Bände sprechen. Es ist daher sinnvoll, auch über Formen und Wege nachzudenken, wie Forschungsresultate zugänglicher und diskutierbar gestaltet werden können.

5. Radikale Demokratie bei Ernesto Laclau / Chantal Mouffe

Die Diskussionen über Integration, Staatsbürgerschaft und Migration bringen zum Ausdruck, dass Gesellschaft und politische Gemeinschaft eine Vielzahl von Bedeutungen haben. Nicht nur weil sich durch internationale Migration ihre Zusammensetzung ändert, sondern auch weil es zum selben Zeitpunkt unterschiedliche Wahrnehmungen von ihr gibt – etwa je nachdem, ob die Personen in einem politischen System nur zwischen StaatsbürgerInnen und Nicht-StaatsbürgerInnen unterschieden werden oder auch Positionen wie „denizens" und „margizens" berücksichtigt sind. Gerade um politisches Handeln in Zeiten des „Phänomens" irregulärer internationaler Migration in europäischen Demokratien zu verstehen, werden daher Bedeutung und ihre Artikulation zu Schlüsselbegriffen. Ausgehend von Artikulationen entwickeln Chantal Mouffe und Ernesto Laclau eine Theorie politischer Ordnungen und politischer Handlungsfähigkeit in einem demokratischen Kontext. Ihre Diskurstheorie von „Hegemonie und radikale Demokratie" (Laclau/Mouffe 2000[1991]) soll die Grundlage darstellen, um nach der Agency von Sans-Papiers in der europäisch-französischen Migrationspolitik zu fragen.

5.1. Offenheit und Konflikt

Menschen versuchen die Welt, in der sie leben, zu fassen, in dem sie ihr Sinn geben oder ein Verständnis von ihr annehmen. Ohne diese Deutungen sind uns weder Subjekte, Objekte noch Handlungen – kurz, keine Wirklichkeit zugänglich. Im Prinzip gibt es unendlich viele verschiedene Bedeutungen und Artikulationen, zu einem bestimmten Zeitpunkt an einem bestimmten Ort auf jeden Fall immer noch mehrere (Laclau/Mouffe 2000[1991]:151). Laclau und Mouffe schließen daraus, dass die möglichen Artikulationen in politischer Beziehung zueinander stehen; weil mit jeder einzelnen Artikulation Position zu den anderen bezogen wird. Andere Artikulationen werden ermöglicht oder behindert, aber auf jeden Fall beeinflusst. Mit jeder geäußerten Deutung ändern sich damit zu einem gewissen Grad auch die vorhandenen Deutungsstrukturen (ebd.:141). Sich zu artikulieren, seine Deutung „in die Welt zu schicken" heißt also zu handeln und hat politische Wirkung. Artikulation kann dabei sprachlich, aber auch nicht-sprachlich sein. Sie heißt etwa zu sprechen, zu schreien oder zu malen und sich zu bewegen, sich zu berühren oder auch zu schweigen. „All actions have meaning, and to produce and disseminate meaning is to act." (Torfing 1999:94)[21]

Aus dem Unterschied zwischen dem, was grundsätzlich alles artikulierbar wäre und dem, was tatsächlich artikuliert wird, ergibt sich bei Laclau und Mouffe ein grundsätzlicher Konflikt. In ihren postmarxistischen Worten nennen sie diesen

---

21 „Alle Handlungen haben Bedeutung und Bedeutung zu produzieren und zu verbreiten, heißt zu handeln."

grundsätzlichen Konflikt einen Antagonismus.[22] Über Artikulationen findet die politische Auseinandersetzung darüber statt, was „die Gesellschaft" überhaupt ist. Das bedeutet, dass bevor man sich über konkrete Verfassungen oder Policies streiten kann

> „[...] das Problem des Politischen das Problem der Einrichtung des Sozialen ist, das heißt der Definition und Artikulation sozialer Beziehungen auf einem kreuz und quer von Antagonismen durchzogenen Feld." (Laclau/Mouffe 2000[1991]:193)

Wenn es keine uneingeschränkt geltenden Bedeutungen geben kann, dann ist Gesellschaft nicht entscheidbar und jede Identität von prekärem Charakter (Laclau/ Mouffe 2000[1991]:131). Politische Subjekte oder Nicht-Subjekte kann es nicht a priori geben, genauso wenig stehen vorab Formen von „gültigem" politschen Handeln oder von politischer Gemeinschaft fest (ebd.:192f, 237). Auch politische Konflikte sind immer zahlreich und widersprechen sich untereinander. Ihr Sinn ergibt sich erst in der politischen Auseinandersetzung. Aus dieser Offenheit ergibt sich ein radikaler Pluralismus.

Der offene Charakter des „Sozialen" bedeutet aber nicht, wie oft missverstanden, dass man etwas „nur" zu sagen bräuchte und damit alles möglich und gleich gültig wäre, unabhängig von materiellen und historischen Bedingungen (Smith 1998:184, Torfing 1999:94ff). Die physischen Eigenschaften der Welt bleiben bestehen und limitieren unsere Handlungen – mit unseren Deutungen ändert sich nach Laclau und Mouffe aber der Umgang mit ihnen; wie wir sie verwenden und bewerten (Laclau/Mouffe 1990:100):

> „Nicht die Existenz von Gegenständen außerhalb unseres Denkens wird bestritten, sondern die ganz andere Behauptung, daß sie sich außerhalb jeder diskursiven Bedingung des Auftauchens als Gegenstände konstituieren könnten." (Laclau/Mouffe 2000[1991]:144f)

5.2. Ordnung und Outside

Eine Artikulation wird vor allem von allen anderen Artikulationen beschränkt, zu einem bestimmten Zeitpunkt und an einem bestimmten Ort. Vorhandene Artikulationen stecken ein Feld ab, was zu sagen, zu sehen, zu hören und zu tun ist. Im Gegensatz zu den physischen Eigenschaften der Welt verändern sie aber mit jeder neuen, anderen Artikulation ihre eigene Bedeutung. Um eine Bedeutung festhalten zu können, bilden sich Systeme, die versuchen, die Vielzahl der möglichen (widersprechenden) Artikulationen zu beschränken – sie zu ordnen.

---

22 Laclau und Mouffe unterscheiden Antagonismus von Widerspruch. Widerspruch würde das Verhältnis zwischen ganzen, geschlossenen Einheiten ausdrücken, das in einer objektiven Logik verstanden werden kann. Ein Antagonismus würde sich dagegen gerade über die Grenze eines solchen gemeinsamen Maßes und dessen prinzipielle Unmöglichkeit äußern (Laclau 1990:17-18). Diese grundsätzliche Begrenztheit und Unentscheidbarkeit ist mitzudenken, wenn im Folgenden von Konflikten gesprochen wird.

Diskurse sind solche Systeme, die die Vielzahl der Deutungen und Artikulationen ordnen und somit soziale Verhältnisse konstituieren und organisieren (Laclau/ Mouffe 2000[1991]:131). Ein Diskurs ist die erste politische Ordnung.

> „Discourse is a relational totality of signifying sequences that together constitute a more or less coherent framework for what can be said and done. The notion of discourse cuts across the distinction between thought and reality, and includes both semantic and pragmatic aspects. It does not merely designate a linguistic region within the social, but is rather co-extensive with the social." (Torfing 1999:300)[23]

So wie es keine Wahrnehmung der Welt außerhalb von Deutungen geben kann, gibt es auch keine Artikulation außerhalb diskursiver Ordnung. Sprachliches und nicht-sprachliches Handeln basiert immer auf den bisherigen Bedeutungen, bezieht sich auf diese und wirkt auf diese zurück. Handlungen sind immer diskursiv. Diskursive Ordnung bedeutet die Einrichtung einer Systematik und damit auch immer schon einen Imperativ: die An- und Verordnung. Sie wird gebildet, indem der Geltungsbereich von Bedeutung ausgedehnt wird. Dies geschieht nach Laclau und Mouffe durch Überdeterminierung: die Vielfalt der Bedeutungen wird reduziert und eine Bedeutung auf andere ausgeweitet (Torfing 1999:299ff).[24] Dehnt sich ein Diskurs bis zu dem Punkt aus, wo andere Möglichkeiten negiert werden, handelt es sich nach Laclau und Mouffe um eine hegemoniale Ordnung:

> „The achievement of a moral, intellectual and political leadership through the expansion of a discourse that partially fixes meaning around nodal points. [It] involves more than a passive consensus and more than legitimate actions. It involves the expansion of a particular discourse of norms, values, views and perceptions through persuasive redescriptions of the world." (Torfing 1999:302)[25]

Die Vielzahl der Möglichkeiten, die Diskrepanz zwischen der errichteten Ordnung und der grundsätzlichen Offenheit wird verneint und mit ihr alle anderen möglichen Artikulationen, Identitäten und Subjekte (Torfing 1999:120f). Ordnung versucht Konsistenz, also Zusammenhalt zu schaffen und die eigene Bedeutung auch auf Kosten anderer zu sichern. Sie ist eine politische Konstruktion, „[...] die darin besteht, einen Ausgangspunkt zu setzen, von dem aus Gesellschaft vollkommen gemeistert und gewußt werden kann." (Laclau/Mouffe 2000[1991]:232). Der

---

23 „Diskurs ist eine relationale Gesamtheit von Bedeutungssequenzen, die gemeinsam einen mehr oder weniger kohärenten Rahmen dafür bilden, was gesagt und getan werden kann. Der Begriff Diskurs widerspricht der Unterscheidung zwischen Denken und Realität und schließt sowohl semantische als auch pragmatische Aspekte mit ein. Er bezeichnet nicht bloß einen sprachlichen Bereich innerhalb des Sozialen, sondern ist viel mehr deckungsgleich mit dem Sozialen."

24 Überdeterminierung kann in zwei Formen stattfinden: indem eine Vielfalt von Bedeutungen in einer einzigen Bedeutung zusammengefasst wird oder indem die Bedeutung eines bestimmten Diskurses auf einen anderen übertragen wird.

25 „Das Erringen einer moralischen, intellektuellen und politischen Führerschaft durch die Ausweitung eines Diskurses, der teilweise Bedeutung um Knotenpunkte fixiert. [Sie] umfasst mehr als einen passiven Konsens und mehr als legitime Handlungen. Sie umfasst die Ausweitung eines einzelnen Diskurses von Normen, Werten, Ansichten und Vorstellungen durch persuasive Umschreibungen der Welt."

Diskurs wird als „Soziales" verfestigt und institutionalisiert. Der politische, streitbare „Ursprung" wird vergessen (Torfing 1999:305). Der „gesellschaftliche Überschuss", alles was mit der Ordnung nicht verstanden werden kann, wird zu ihrer Negativität – zum Outside. Eine Grenze wird definiert. Je sichtbarer der offene Charakter von Gesellschaft wird (etwa durch zunehmende Kommunikations- und Transportnetze), desto massiver gestalten sich die hegemoniale Ordnung und ihre Grenzen (Laclau/Mouffe 2000[1991]:180). Eine totale Grenze ist aber nicht möglich und daher auch keine totale Ordnung. Ordnung und Outside wirken nach wie vor aufeinander und ineinander. Die beiden stehen in einem Verhältnis „wechselseitiger Subversion" (ebd.:169). Die Artikulation des Outside würde zeigen, dass die Konsistenz der Ordnung nur begrenzt ist. Sie wird als Bedrohung wahrgenommen und für unmöglich erklärt. (Torfing 1999:120).

5.3. Handlungsfähigkeit und Demokratisierung

Um die Handlungsmöglichkeiten zu einem Zeitpunkt und an einem Ort zu verstehen, ist es hilfreich zuerst nach den diskursiven Ordnungen zu fragen, aus denen sie hervorgehen und auf die sie sich beziehen. Denn nur in Bezug zu diesen vorhandenen Konstruktionen ist nach Laclau und Mouffe Handeln möglich. Die Möglichkeiten der Artikulation sind im Prinzip offen und unendlich, daher die Möglichkeiten sie zu ordnen immer nur begrenzt. In jeder Konstruktion stecken Mehrdeutigkeiten, Schwächen, Widersprüche, die man untersuchen, verstehen und artikulieren kann. Darin besteht ein grundsätzlicher Antiessenzialismus bei Laclau und Mouffe: Es gibt keinen Punkt ohne diskursive Ordnung, aber auch keinen, wo sie total wäre.

Wenn Gesellschaft total gemeistert werden will, dann wird die Vielfalt der Möglichkeiten unsichtbar, die letztlich unentscheidbare politische Auseinandersetzung scheint in einer Institution verloren zu gehen. Politik geht aber auch verloren, wenn jede Perspektive auf einen gemeinsamen Referenzpunkt für unmöglich erklärt wird und das Soziale implodiert (Laclau/Mouffe 2000[1991]:233).

Diesen Referenzpunkt als eine Perspektive auf politische Gemeinschaft formulieren Laclau und Mouffe als „radikale Demokratie". Voraussetzung ist, dass die Bedeutung von Demokratie durch die gegenwärtigen Formen demokratischer Systeme genauso wenig fixiert ist wie alle anderen Bedeutungen und dass daher Umdeutung möglich wird (ebd.:219). Radikale Demokratie bedeutet zum einen, als Antwort auf die Offenheit des Sozialen in einem Höchstmaß von Autonomie eine Vielzahl von politischen Subjekten und politischen Räumen zu ermöglichen. Und gleichzeitig zum anderen, als gemeinsamen Referenzpunkt eine Logik der Gleichheit und Gleichwertigkeit möglichst auszudehnen (ebd.:209).

Eine solche plurale Ordnung wäre

> „[…] nur in dem Maße *radikal*, als jedes Glied dieser Pluralität von Identitäten in sich selbst das Prinzip seiner eigenen Geltung findet, ohne daß dies in einer transzendenten oder zugrundeliegenden positiven Basis für ihre Bedeutungshierarchie

und als Quelle und Garantie ihrer Legitimität gesucht werden muß. Und *demokratisch* ist dieser radikale Pluralismus in dem Maße, als die Selbstkonstituierung jedes seiner Glieder das Resultat von Verschiebungen des egalitären Imaginären ist." (Laclau/Mouffe 2000[1991]:209)

In diesem Bestreben nach „Freiheit" und „Gleichheit" bleibt aber auch jede Demokratie nur eine demokratische Ordnung, zu einem bestimmten Zeitpunkt an einem bestimmten Ort. Diese ist beschränkt und wirkt beschränkend und kann keine perfekte Harmonie sozialer Beziehungen realisieren oder gesellschaftlicher Wirklichkeit gerecht werden.

„Ihr demokratischer Charakter kann nur dadurch gegeben werden, daß kein begrenzter sozialer Akteur sich selbst die Repräsentation der Totalität zuschreiben und auf diese Weise von sich behaupten kann, über die ‚Macht der Gründung' zu verfügen." (Laclau/Mouffe 2000[1991]:25)

Es gibt keine letzte ontologische Begründung von Macht. Auch nicht im Namen der Demokratie. Macht kann immer nur pragmatisch begründet sein (Laclau/Mouffe 2000[1991]:28).

Demokratie bezieht sich bei Laclau und Mouffe daher auch weniger auf eine Verfassung nach „innen", sondern grundsätzlich auf die Frage ihrer „Anpassung". Als solche ist sie immer auch ein Fragen nach „democratic wisdom at the margins of the social" (Smith 1998:183f). Diese „demokratische Weisheit an den Rändern des Sozialen" sei beständig neu zu artikulieren, neu zu schaffen und neu auszuhandeln, weil es keinen (demokratischen) Schlusspunkt gebe, an dem ein für allemal ein Gleichgewicht erreicht sein könne (ebd.:233).

Nach Laclau und Mouffe ist es also prinzipiell unmöglich, soziale Wirklichkeit in einer politischen Ordnung zu repräsentieren. Gesellschaft geht politischer Gemeinschaft nicht voraus, sondern ist selbst schon Resultat politischer Auseinandersetzungen und eine unzureichende Repräsentation des Wirklichen und Möglichen. Demokratie erfordert immer wieder Demokratisierung. Zur wesentlichen Frage wird damit nicht „[…] wer oder was soziale Verhältnisse transformiert […]. Die entscheidende Frage ist dann *wie* etwas durch hegemoniale Konstruktion zum Subjekt wird." (Laclau/Mouffe 2000[1991]:19)

Daraus zu schließen, dass Subjekt-Werdung nur aus einer Position der Ordnung heraus als „Anpassung von oben" möglich wäre, würde uns wieder zum Anfangspunkt unserer Frage zurückwerfen, warum die Sans-Papiers vom „illegalen" Objekt zu einem politischen Subjekt in Frankreich wurden. Durch das diskursive Verständnis von Politik wissen wir aber, dass es keine totale Konstruktion geben kann, dass jede Artikulation andere Bedeutungen zu einem gewissen Grad verändert und Demokratie durch „Aneignung" ständig neu pragmatisch auszuhandeln ist. Wodurch konkret „das Prinzip seiner eigenen Geltung" gefunden und gleichzeitig die Geltung des „egalitären Imaginären" verschoben werden kann (Laclau/Mouffe 2000[1991]:209), das wissen wir noch nicht. Hier helfen Agency-Ansätze, Handlungsfähigkeit in diskursiven Systemen praktisch zu verstehen.

6. Diskursive Agency

Wenn über Migration geredet wird, dann reden meistens viele und manche auch sehr laut, aber nur wenige für sich selbst. Das hat zwei Bedeutungen: zum einen sind MigrantInnen dabei meistens Objekte und nicht AkteurInnen; zum anderen reden vermutlich relativ wenige mit sich selbst über Migration, sondern wenden sich damit an jemanden. Beides macht einen Unterschied und ergibt daher eine politische Wirkung. Gleiches gilt übrigens auch, wenn bestimmte Personen nur einzeln Monologe führen und andere gar nichts sagen.

Agency ist die Fähigkeit zu handeln, die immer an der Handlungsfähigkeit anderer ansetzt und damit auch schon wieder beschränkt ist. Sie ist der Punkt, wo sich durch Handeln in Beziehung zu anderen ein Subjekt bildet. Und sie ist der Ausdruck dafür, wie dieses Subjekt durch sein Handeln mit anderen in Beziehung tritt. Subjekt und Diskurs stehen also miteinander in Beziehung, ergeben einander wechselseitig und gemeinsam Handlungsfähigkeit.

Im englischen Wort „Agency" kommt diese Beziehung zwischen Handlungsfähigkeit, dem Subjekt als ihrer Instanz und dem System, auf das sie sich bezieht, deutlich zum Ausdruck:

> „1: the capacity, condition, or state of acting or of exerting power: action or activity: OPERATION [...] 2: a person or thing through which power is exerted or an end is achieved: INSTRUMENTALITY, MEANS [...] 3a: the office or function of an agent b: the relationship between a principle and his agent [...]" (Webster's Third New International Dictionary:40)

Der Begriff „Agency" sträubt sich also gegen die Dualismen Aktivität/Passivität und Ursache/Wirkung und kann auch nicht von einer spezifischen Konzeption von (politischem) Subjekt getrennt werden. In seiner Mischung aus TäterIn, Tätigkeit, Tat und Resultat entzieht er sich einer vollständigen Übersetzung ins Deutsche, etwa in „Handlung/Wirkung/Kraft" (Vocabulaire européen des philosophies. Dictionnaire des intraduisibles: 26-32). Die Worte „Handlungsfähigkeit" und „Handlungsmöglichkeit" sind dementsprechend als Hilfsbegriffe zu verstehen.

Zwei Ansätze, wie sich Agency aus dieser wechselseitigen Beziehung zwischen Subjekt und Diskurs ergibt, möchte ich im Folgenden heranziehen: die Subjektivationstheorien[26] von Judith Butler und Jacques Rancière ergänzen Demokra-

---

26 Der Doppelsinn, den die Begriffe Subjekt und Subjekt-Werdung in der französischen Sprache haben, stellt die Übersetzung diskurstheoretischer Texte, die ja wesentlich von französischsprachigen AutorInnen geprägt sind, vor ein Grundproblem (Vocabulaire européen des philosophies. Dictionnaire des intraduisibles: 1233-1254): Schon das Wort „sujet" impliziert sowohl die individuelle Souveränität („Subjekt") als auch die Unterwerfung („Unterworfene/r"). Spätestens mit Foucault, der die Trennung Objekt/Subjekt, passiv/aktiv verwirft, kommt dieses Problem besonders zum Tragen. Butler (2001) hat in der englischen Originalversion ihrer Arbeit, die Wortschöpfung „subjectivation" als eigenständige Übersetzung von „l'assujettissement" verwendet – das dann wiederum als „Subjektivation" ins Deutsche übersetzt wurde. Letzteren Begriff werde

tisierung nach Mouffe und Laclau dort, wo es darum geht, die Ausweitung von „Freiheit" und „Gleichheit" praktisch zu verstehen.
Die Arbeiten von Butler und Rancière bauen ebenfalls auf Pluralismus und Antiessenzialismus in einer diskursiv vermittelten Welt auf – einer Welt, in der es keine fixen Identitäten, Subjekte und Gemeinschaften gibt. Wie Mouffe und Laclau beginnt für sie Politik dort, wo Ordnungen (von Identitäten, Subjekten, Gemeinschaften), die sich als unendlich und allein gültig definieren, mit einer Vielzahl von anderen Möglichkeiten konfrontiert werden und somit auch mit ihrer Endlichkeit. Gesellschaft ohne Konflikte wird daher unmöglich und „die Welt" häufig paradox.
Politische Auseinandersetzung und damit politische Handlungsfähigkeit ergibt sich bei Butler und Rancière, indem Momente produziert werden, die diesen konflikthaften und paradoxen Charakter zu Tage treten lassen. Sie übersetzen ins Praktische, wie durch Artikulation Handeln möglich ist und wie Gesellschaft (auch aus einer Outside-Position) gestaltbar wird. Deutlich wird das bei beiden anhand von performativen Artikulationen. Mit performativen Äußerungen sind allgemein „Sätze und Formeln gemeint, die als Vollzug einer Sprachhandlung genau das bewirken, wovon in ihnen die Rede ist" (Ritter/Gründer 1989:253). Über Performativität liefert Judith Butler ein Konzept sich selbst autorisierenden Sprechens und bietet damit eine Antwort darauf, wie „in sich selbst das Prinzip seiner eigenen Geltung" gefunden werden kann (Laclau/Mouffe 2000[1991]:209). Jacques Rancière zeigt eine individuelle Möglichkeit, „Gleichheit" auszuweiten und markiert damit einen Ansatzpunkt, wie die Geltung des „egalitären Imaginären" verschoben werden kann (ebd.). Beide betonen sie in der grundsätzlichen Konflikthaftigkeit ebenso grundsätzliche Verbundenheit und schaffen so eine Brücke über das radikaldemokratische Dilemma, sich mit Vielheit und „Gleichheit" auseinander zu setzen, ohne eine Perspektive auf Gemeinschaft zu verlieren. Bezogen auf die Frage nach Handlungsfähigkeit zeigen diese Ansätze, was der jeweilige Umgang mit *Staatsbürgerschaft* und *Integration* in Zeiten „illegaler" internationaler Migration politisch bedeutet. Und sie eröffnen eine Perspektive darauf, wie Demokratie irregulären MigrantInnen nicht nur „angepasst", sondern auch von ihnen „angeeignet" werden kann.

6.1. Autorisierung nach Judith Butler

Im Mittelpunkt von Judith Butlers diskurstheoretischem Verständnis von Gesellschaft steht und fällt das Individuum. Das Subjekt ist die diskursive Deutung des Individuums (Butler 2001:15) – das politische Subjekt die diskursive Deutung eines Individuums als politische/r AkteurIn. „Das Subjekt ist die sprachliche Ge-

---

ich auch dort beibehalten, wo „subjectivation" aus der französischen Originalversion von Rancière (1995) als „Subjektivierung" ins Deutsche übersetzt wurde.

legenheit des Individuums, Verständlichkeit zu gewinnen und zu reproduzieren, also die sprachliche Bedingung seiner Existenz und Handlungsfähigkeit." (ebd.) Wie alle Deutungen kann es auch Subjekte nur im Verhältnis zu diskursiven Ordnungen geben. Die Artikulation eines Subjektes und seines Subjekt-Status ist damit ein zweiseitiger Prozess: bestimmt durch die vorhandene diskursive Ordnung als Konstruktion wirkt sie in ihrer spezifischen Formulierung auch wieder auf diese zurück.

> „Subjektivation besteht eben in dieser grundlegenden Abhängigkeit von einem Diskurs, den wir uns nicht ausgesucht haben, der jedoch paradoxerweise erst unsere Handlungsfähigkeit ermöglicht und erhält. [Sie] bezeichnet den Prozeß des Unterworfenwerdens durch Macht und zugleich den Prozeß der Subjektwerdung." (Butler 2001:8)

Das Subjekt ist weder vollkommener Ausdruck der Macht, noch allmächtig. Daraus ergibt sich, dass es nie widerspruchsfrei ist (Butler 2001:22), aber auch seine Handlungsfähigkeit.

Da es keine Tätigkeit und kein Subjekt außerhalb des Diskursiven gibt, ist Artikulation nach Judith Butler immer eine Form von Wiederholung. Mit Blick auf Geschlecht und Gender argumentierte Butler, dass es also nicht die Frage ist, *ob* sondern *wie* wiederholt wird (Butler 1991:217). Wiederholen muss nicht automatisch Repetieren heißen, sondern kann dabei auch Aufnehmen, Annehmen, Variieren und Herausfordern meinen (ebd.:213) – kurz: Aneignen. Die Bandbreite, wie wiederholt werden kann, macht die Performativität von Diskursen aus. Sie zeigt Wege, was aus vorhandenen Deutungen gemacht werden kann (Butler 1997:160) und jene Möglichkeiten „[...] zu reformulieren, die bereits existieren, wenn auch in kulturellen Bereichen, die als kulturell unintelligibel und unmöglich gelten." (Butler 1991:218).

Eine sprachliche Praxis, in der sich diese Handlungsfähigkeit ausdrückt, ist der Umgang mit „Namen".[27] Der Umgang mit Namen, Zuschreibungen und Titeln, die einem/r gegeben werden, kann Teil eines autorisierenden Aktes sein, selbst wenn durch diesen Namen die eigene Legitimität und Existenz in Frage gestellt wird, wie es Butler am Beispiel von Hate Speech gezeigt hat.

> „Der Name, den man erhält, unterwirft und gibt zugleich Möglichkeiten an die Hand, er macht aus Ambivalenz ein Szenario der Handlungsmacht und hat Wirkungen, die über die ursprüngliche Absicht der Benennung hinausgehen. Wenn man den Namen, den man erhält, aufgreift, tut man mehr als sich nur einer vorgängigen Autorität unterzuordnen, denn der Name hat sich vom vorgängigen Kontext bereits gelöst und ist in das Projekt der Selbstdefinition eingegangen. Das Wort, das verwundet, wird in der neuen Anwendung, die sein früheres Wirkungsgebiet zerstört, zum Instrument des Widerstands." (Butler 2006:254)

---

27 „Name" bedeutet im Englischen neben der Bezeichnung und Anrede für ein Lebewesen oder einen Gegenstand generell auch eine pejorative, entwertende Anrede im Sinn von „Schimpfname" (Webster's Third New International Dictionary 1993:1501).

Aus demselben Grund seien in Bezug auf Hate Speech oder sexistische Pornographie gesetzliche Regelungen und Zensur weitgehend kontraproduktiv. Diese würden gerade die Sprache, die „verboten" werden soll, propagieren und zusätzlich die staatliche Instanz (in ihrer patriarchalen Form) als solche autorisieren (Butler 1997:129-133). Durch „eigene" Artikulation des Namens hingegen ist die Neuformulierung des Subjekts, und damit dessen autorisierende Handlung möglich. Autorisierung kann in ihrer Wirkung auf ihr Umfeld eine jener paradoxen Prozesse sein, die Widersprüche von Konstruktionen sichtbar machen, sie in ihrer scheinbar allmächtigen Bedeutung limitieren und die politische Auseinandersetzung reaktivieren. Aus der untrennbaren Verbindung von Subjekt und Diskurs, aus der heraus wiederholender „Widerstand" möglich ist, ergibt sich aber auch, dass dieser niemals widerspruchsfrei sein kann.
Auseinandersetzung besteht nicht nur aus Konflikt, sondern auch aus Verbindung – was besonders in den jüngeren, psychoanalytisch orientierten Arbeiten Butlers deutlich wird. An dem Punkt, wo Konflikt als „reines" Dagegen-Sein nicht denkbar ist, wird Politik schmerzhaft. Am Subjekt zeigt sich diese Ambivalenz durch eine „[…] ursprüngliche Verletzlichkeit gegenüber dem Anderen als Preis, der für das Dasein zu zahlen ist." (Butler 2001:25). Umgekehrt heißt es, dass gerade in der subjektiven Verwirrung Gemeinschaft zum Ausdruck kommt, auch dort, wo sie negiert wird: „Denn wenn ich von dir verwirrt bin, dann bist du bereits bei mir, und ich bin nirgendwo ohne dich." (Butler 2005:68). Entgegen einer Ordnung, die Gesellschaft durch Grenzen total meistern will, liefert gerade das Paradoxe eine Perspektive auf Verbundenheit.

6.2. Anteilnahme „Als-ob" nach Jacques Rancière

Bei Jacques Rancière ist jede Form von Verbundenheit prinzipiell offen. Es gibt a priori kein festes Verhältnis zwischen Staat und BürgerInnen oder zwischen BürgerInnen und Individuen (Rancière 2002:43). Jene Prozesse und Institutionen, die allgemein als Politik definiert werden, sind für Rancière schon Ausdruck von Polizei: nämlich

> „[…] die Gesamtheit der Vorgänge, durch welche sich die Vereinigung und die Übereinstimmung der Gemeinschaften, die Organisation der Mächte, die Verteilung der Plätze und Funktionen und das System der Legitimierung dieser Verteilung vollziehen." (Rancière 2002:39)

Durch sie werden „Verhältnisse" entpolitisiert und öffentliche Fragen zu „sozialen Phänomenen" (Rancière 2005:101). Diesen Prozess, eine prinzipiell offene Gesellschaft zu schließen, hat Rancière als „Nähen" beschrieben. In gegenwärtigen Demokratien äußere er sich etwa, wenn Wissen durch ExpertInnen institutionalisiert und Identität in Form quantitativer Messungen fixiert werde oder wenn

Entscheidungen in allen Lebensbereichen durch Rechtsverfahren ersetzt würden.[28] Alle diese Maßnahmen bemühen sich Gesellschaft *festzustellen*. Praxen des „Nähens" reduzieren Konflikt und schaffen Ordnung:

> „[...] eine Ordnung des Sichtbaren und des Sagbaren, die dafür zuständig ist, dass diese Tätigkeit sichtbar ist und jene andere es nicht ist, dass dieses Wort als Rede verstanden wird, und jenes andere als Lärm." (Rancière 2002:41)

In einer solchen Ordnung gerät erst der politische Charakter der gezogenen Grenzen in Vergessenheit, dann die Existenz einer Trennung und Aufteilung selbst (Rancière 2002:125). Darin besteht der „anfängliche Skandal der Politik" (ebd.:27). Handlungsfähigkeit besteht in dieser polizeilichen Politik im Produzieren „paradoxer Szenen" (ebd.:52), die die skandalöse Geschlossenheit einer Ordnung durch sprachliche und nicht-sprachliche Artikulation mit ihren Widersprüchen und ihren „Nähten" konfrontiert. „Aufsehen erregend oder nicht, die politische Tätigkeit ist immer eine Weise der Kundgebung [...]" (ebd.:41f).

Die Fähigkeit zu diesen „paradoxen Szenen" ergibt sich in einem Prozess der Subjektivation, in dem sich ein unmögliches Subjekt zu einem möglichen erklärt:

> „Unter *Subjektivierung* wird man eine Reihe von Handlungen verstehen, die eine Instanz und eine Fähigkeit zur Aussage erzeugen, die nicht in einem gegebenen Erfahrungsfeld identifizierbar waren, deren Identifizierung also mit der Neuordnung des Erfahrungsfeldes einhergeht." (Rancière 2002:47)

Das in der Ordnung nicht Enthaltene, nicht Sichtbare tritt zu Tage – Rancière nennt es „la part des sans-part"[29] („den Anteil der Anteillosen"). Indem sich dieser Teil in der Ordnung zeigt, indem ein nicht-legitimiertes Subjekt in einer „Praktik des *Als-ob*" (Rancière 2002:101) jene Subjekte anspricht, von denen es nicht legitimiert wird, vollzieht sich Gemeinschaft. Gerade indem eine Forderung nach Teilhabe aus- und angesprochen wird, wird Anteilnahme, performativ, praktiziert – und zwar „[...] durch die einfache Handlung, die Zufälligkeit der Gleichheit beliebiger sprechender Wesen zu aktualisieren [...]" (Rancière 2002:39). In einer solchen Ausweitung und „Angleichung" besteht für Rancière politischer Konflikt, der aber einen gemeinsamen Referenzpunkt hat:

> „Es gibt Politik, weil diejenigen, die kein Recht dazu haben, als sprechende Wesen gezählt zu werden, sich dazuzählen und eine Gemeinschaft dadurch einrichten, dass sie das Unrecht vergemeinschaften, das nichts anderes ist als der Zusammenprall selbst, der Widerspruch der zwei Welten, die in einer einzigen beherbergt sind: die Welt, wo sie sind, und jene, wo sie nicht sind, die Welt, wo es etwas gibt ‚zwischen' ihnen und jenen, die sich als sprechende und zählbare Wesen kennen, und die Welt, wo es nichts gibt." (Rancière 2002:38)

---

28 „Es gibt also eine Verbindung zwischen drei Phänomenen: die wuchernde Verrechtlichung, die Praktiken der verallgemeinerten Expertise und jene der ständigen Umfrage." (Rancière 2002:122)
29 „Politische Subjektivierung ist die Fähigkeit, diese polemischen Szenen, diese paradoxen Szenen zu erzeugen, den Widerspruch zweier Logiken sichtbar zu machen, indem sie Existenzen aufstellt, die gleichzeitig Nicht-Existenzen sind, oder Nicht-Existenzen, die gleichzeitig Existenzen sind." (Rancière 2002:52f)

In diesen Prozessen der Subjektivation, die sowohl Jacques Rancière als auch Judith Butler beschreiben, ergibt sich Agency diskursiv. Sie kommt in jenen Praxen zum Ausdruck, „[…] die gleichzeitig argumentativ und dichterische/ schöpferische Kraftschläge sind […]" (Rancière 2002:71).
Agency ergibt sich also immer in Positionierung von sich zu anderen: Ein nicht-autorisiertes Subjekt kann sich durch Annahme eines Namens autorisieren und ein nicht-legitimiertes Subjekt durch Ansprache jener, die es „ignorieren", als gleicher Teil behaupten. In beiden performativen Handlungen werden vorhandene Diskurse aufgegriffen und damit diskursive „Verhältnisse" beeinflusst. Wo Laclau und Mouffe von Demokratie als radikaler „Freiheit" *und* „Gleichheit" sprechen, heißt es in performativem Sinn: Politik beginnt dort, wo Auseinandersetzung Konflikt und Verbindung bedeutet. Der Rest ist Polizei.
Gerade durch paradoxe Situationen kann diese Politik auch aus dem Outside, dem Nicht-Teil einer Ordnung, ihren Anfang nehmen. Der Prozess dorthin ist eine „Aneignung", sein Ausdruck Artikulation. Demokratisierung im Namen der Demokratie ist demnach theoretisch auch von denen aus möglich, für die die demokratische Ordnung nicht gilt. Mit diesem Gerüst aus radikaldemokratischer Diskurstheorie und Ansätzen der Performativität lässt sich nun untersuchen, warum diskursive Objekte zu politischen Subjekten werden und irreguläre MigrantInnen sich zu „citoyens" deklarieren können – auch wenn sie keine staatsbürgerlichen Papiere haben und in der Gesellschaft als „illegal" gelten.

TEIL II

7. Irreguläre internationale Migration: Was heißt illegal?

Nie haben so viele Menschen ihren Herkunftsort verlassen wie heute – wenn abstrakt von internationaler Migration gesprochen wird, dann steht der Begriff (unabhängig von den jeweiligen Aufbruchsgründen) für eine bewegte Menschheit in Gesellschaften globalisierter Kommunikations- und Transportwege. In der Tat gab es im Jahr 2005 weltweit 191 Millionen MigrantInnen (United Nations 2006b:12). Vom „Zeitalter der Migration" (Castles/Miller 1993) ist die Rede und einer „new era of mobility" (United Nations 2006:5). Aber obwohl es ebenfalls eine Tatsache ist, dass prozentuell gesehen nur ein geringer Teil der Weltbevölkerung wandert, können die Probleme internationaler Migration nicht heruntergespielt werden: „Es ist zu einem Weltordnungsproblem ersten Ranges geworden, das noch keine Lösung in Gestalt eines Migrationsregimes gefunden hat." (Nuscheler 2004 [1995]:27f)

Das internationale politische System steht in Bezug auf Migration vor vielen Widersprüchen: Auszuwandern gilt etwa als international anerkanntes Menschenrecht, einzuwandern jedoch nicht (siehe Kapitel 9.1.). Dementsprechend unterschiedlich kann die Sprache der globalen Mobilität ausfallen, sobald die auswandernden Personen in den konkreten Kontext eines der Staaten gebracht werden, wo sie ankommen, sich niederlassen oder passieren wollen. Hier erhält Migration viele andere Bedeutungen – und manchmal wird sie „illegal".

Diese „illegale" Migration gibt es nicht a priori sondern nur als Rest-Kategorie: Sie ist vom Gesetzeskontext in einem spezifischen Land zu einem spezifischen Zeitpunkt abhängig und kann sich mit dem persönlichen, sozialen und legalen Rahmen ändern.[30] Dasselbe gilt für die Personen, die durch ihren Status der *Illegalität* zugeordnet werden. Die meisten Arbeiten zu irregulärer Migration weisen darauf explizit hin (etwa Albrecht 2006:62, Lederer 1999:56, Samers 2004:28, Van der Leun 2003:18f). *Illegalität* ist immer vom jeweiligen Zeitpunkt, Raum und Kontext abhängig. Umso mehr, als dieser (Nicht-)Status „legal" oder „illegal" zunehmend prekär wird; und Personen leicht von der einen Kategorie in die andere kippen. In der Europäischen Union gibt es dafür vor allem drei Gründe:

· der unsichere Charakter von Aufenthaltstiteln, weil statt einem mehrjährigen Aufenthaltstitel häufiger mehrere kurzzeitige vergeben werden,
· der instabile Charakter des Fremdenrechts, weil sich die Abstände von einer Gesetzesnovelle zur nächsten in den letzten Jahren verkürzen,[31]

---

30 Irreguläre Migration macht nur einen Strang im vielfältigen Verhältnis zwischen Staatlichkeit und *Illegalität* aus. Für eine umfassendere Darstellung siehe Heyman 1999.
31 Das Basisdokument der Migrationspolitik in Frankreich zum Beispiel, die „Ordonnance du 2 novembre 1945", wurde seit 1974 über zwanzig Mal geändert und seit 1981 in immer kürzeren Intervallen (Wihtol de Wenden 1999:37).

- die unklare Klassifikation und Trennung von Migrationsarten, weil sich Aufbruchsgründe bei Personen aus politischen Krisenländern mit großer Armut zunehmend vermischen (Wihtol de Wenden 1999:65).

Staatlich produziert etablieren sich so neue Formen von Migration „in einer Grauzone zwischen Legalität, Illegalität und Kriminalität" (Bade 2001:67). Um auszudrücken, dass es sich dabei um einen Prozess handelt, der in seiner Geltung zeitlich und räumlich begrenzt ist, kann man auch von Illegalisierung sprechen.

Manche deutschsprachigen AutorInnen halten am Begriff *Illegalität* fest, weil der rechtliche Status die Lebenssituation von MigrantInnen wesentlich bestimme (Eichenhofer 1999:13, Lederer 1999:56). Die Wortwahl ist aber sehr umstritten, da „illegal" die MigrantInnen auch normativ konnotiert. Als Attribut („illegale MigrantInnen") weckt der Begriff Assoziationen eines strafrechtlichen Schuldspruchs und als Subjektbezeichnung („der Illegale") verkürzt er eine Person auf ihren rechtlichen Aufenthaltsstatus und entmenschlicht sie dadurch.

Der englische Begriff „undocumented" und der französische Ausdruck „sans papiers" präzisieren hingegen die *Illegalität* auf eine inoffizielle, nicht administrativ erfasste Einreise und Anwesenheit. „Sans-Papiers" ist eine Selbstbezeichnung von Gruppen organisierter MigrantInnen in Frankreich und wird in dieser Arbeit auch konkret in diesem Sinn verwendet. Wo es allgemein um Personen geht, deren Migration in Widerspruch zu bestimmten staatlichen Gesetzen (zu einer bestimmten Zeit, an einem bestimmten Ort) steht, habe ich mich für den Begriff „irregulär" entschieden, der sich in der Migrationsforschung weitgehend durchgesetzt hat. Er soll diesen Widerspruch offen beschreiben ohne Verantwortung dafür normativ zuzuschreiben. Unter irregulären MigrantInnen verstehe ich „[...] those non-nationals who have some irregularity in their status whether through their fault or the fault or negligence of the authorities in not regularising this status." (Cholewinski 2005:9)[32]

Auf internationaler Ebene hat die UN-Generalversammlung schon 1975 empfohlen, die Begriffe „undocumented" oder „irregular" zu verwenden (Marie 2004:13). Auch der Europarat, die International Organization for Migration (IOM), die International Labour Organization (ILO) und die Organisation für Sicherheit und Zusammenarbeit in Europa (OSZE) sprechen zunehmend von „irregulären" MigrantInnen. Von den bedeutenden internationalen AkteurInnen mit Kompetenz in der Migrationspolitik bleibt einzig die Europäische Union bei „illegaler Migration" (Cholewinski 2005:9). Selbst im Englischen verwendet die EU das Wort „illegal" und im Französischen das ebenfalls kriminell konnotierte „clandestin".

Neben den Begriffen sind auch die Zahlen zur irregulären Migration sehr umstritten und umkämpft. Abgesehen von den offensichtlichen Problemen administ-

---

32 „[...] jene Nicht-Staatsangehörigen, deren Status in irgendeiner Hinsicht irregulär ist, egal ob durch ihren Fehler oder den Fehler oder die Nachlässigkeit der Behörden, ihn nicht zu regularisieren."

rativer Erfassung gelten die unterschiedlichen Messmethoden – weil sich die Definitionen zu oft wandeln und es an Vergleichbarkeit mangelt – als „educated guess" (Delaunay/Tapinos 1998).
Laut einem ILO-Bericht entspricht die Anzahl der MigrantInnen ohne regulären Aufenthaltsstatus durchschnittlich etwa 10 bis 15 Prozent der migrantischen Bevölkerung mit regulärem Aufenthalt. In der EU der 15 Mitgliedsstaaten wären dies rund 3,3 Millionen, in Frankreich mindestens 326.000 Personen („Migration und Bevölkerung" 10/06). Andere Schätzungen für Frankreich gehen von 200.000 bis 400.000 MigrantInnen ohne offiziellen Aufenthaltstitel aus (Engler 2005, Murphy 2006). Laut der europäischen Polizeibehörde Europol wächst die Zahl der irregulären MigrantInnen in der gesamten EU jährlich um 500.000 Personen („Migration und Bevölkerung" 10/06).
Dieses mehr oder weniger „qualifizierte Raten" ist – wie auch die Frage der Begriffe – bereits Teil der politischen Auseinandersetzung um irreguläre Migration. Das gilt sowohl für die, die „illegale" MigrantInnen bekämpfen wollen als auch für die, die für ihre Rechte mobilisieren (Siméant 1998:231).[33] Für die tatsächliche Gestaltung des Verhältnisses zwischen irregulären MigrantInnen und demokratischen Staaten ist die Anzahl der Personen aber weniger entscheidend, als viel mehr die Zeit, die effektiv in *Illegalität* verbracht wird (Delaunay/Tapinos 1998). Sie hat Einfluss auf das Risiko, erkannt zu werden, auf die persönlichen Regularisierungschancen sowie auf die Bedeutung der Irregularität in der Gesellschaft (Delaunay 1998:23). Da in dieser Arbeit Agency in einem bestimmten politischen System untersucht werden soll, beziehe ich mich deshalb mit „irregulären MigrantInnen" auf Personen, die sich über eine längere Zeitspanne in einem Staat aufhalten, sodass von Bleiben oder Niederlassen gesprochen werden kann.
Illegalität beginnt nicht mit dem Verlassen eines Herkunftslandes, sondern mit dem Eintritt in ein bestimmtes politisches System mit einer bestimmten diskursiven Ordnung. In der Europäischen Union und seinem Mitgliedsstaat Frankreich beginnt sie mit dem Eintritt in eine Republik, die für sich „Freiheit, Gleichheit, Brüderlichkeit" beansprucht, und in einen Raum, der für „Freiheit, Sicherheit und Recht" stehen will. Im Folgenden soll daher gezeigt werden, wie *Illegalität* in der europäisch-französischen Migrationspolitik konstruiert wird.

---

33 „Mobiliser un groupe social, c'est aussi mobiliser des chiffres, et cet aspect est d'autant plus crucial que l'on tente de représenter une population qui semble par définition ‚indénombrable', comme celle des étrangers en situation irrégulière." (Siméant 1998:231) [„Eine soziale Gruppe zu mobilisieren, das heißt auch Zahlen zu mobilisieren. Und dieser Aspekt ist umso bedeutender, wenn man versucht eine Bevölkerung zu vertreten, die per Definition ‚unzählbar' scheint wie jene der AusländerInnen in irregulärer Situation."]

8. Die europäisch-französische Migrationspolitik

Immigration als Wanderungsbewegung ist eine gemeinsame „Realität" Europas und ein integraler Bestandteil seiner Geschichte – auch wenn sich Europas Staaten selbst lange Zeit nicht als Einwanderungsländer verstanden haben oder dies bis heute nicht tun (Sassen 1999).[34] Wie die kriegerische Geschichte Europas im 19. und 20. Jahrhundert zeigt, ist der moderne Flüchtling in demselben Ausmaß ein „europäisches Produkt" wie der moderne Nationalstaat (ebd.:96). Auch der moderne irreguläre Migrant/die moderne irreguläre Migrantin ist in einer politisch-historischen Entwicklung zu sehen.

Die Illegalisierung von Migration ist ein Zusammenwirken der Prozesse auf Ebene der EU und der ihrer Mitgliedsstaaten. Überblicksartig kann man zwischen zwei Entscheidungsbereichen differenzieren: die Zutritte oder „Ströme" („flows") betreffend gilt Migrationspolitik seit dem Vertrag von Amsterdam 1997 als vergemeinschaftet. Seit 2005 kann im Rat der Europäischen Union eine qualifizierte Mehrheit über Asyl und irreguläre Migration entscheiden. Bei Fragen geregelter Einwanderung verfügen die RepräsentantInnen der Mitgliedsstaaten durch das Einstimmigkeitsprinzip über Veto-Rechte (Peers 2006:2). Es gibt also eine europäische Definition, was „illegale" Migration heißt, aber 25 Interpretationen von „legaler" Migration. Fragen des Aufenthalts und der Niederlassung („stocks") beziehungsweise der Policies, die unter dem Stichwort *Integration* zusammengefasst werden, liegen hingegen nach wie vor in der Kompetenz der einzelnen Nationalstaaten. Es gibt also zwar zunehmend eine „europäische Migrationspolitik", zugleich bleibt die Definition dessen, wer oder was Europa denn eigentlich ist, Deutung der Mitgliedsstaaten (Wihtol de Wenden 1999:125).

Dort steht Migration eben auch im Kontext des jeweiligen Nationalstaates: seiner Geschichte, seines Rechtssystems, seiner Nachbarbeziehungen und – besonders in Wahlkampfzeiten – der aktuellen öffentlichen Meinung (ebd.:14). Sie wird beeinflusst von der spezifischen Konstruktion nationalstaatlicher Identität und davon, wie politische, wirtschaftliche und soziale Beziehungen in ihr wahrgenommen werden (Fassin/Morice 2001:262).

Der nationale Mitgliedsstaat behält im „Europe à la carte" (Wihtol de Wenden 1999:34) die inhaltliche Deutungshoheit, auf europäischer Ebene wird aber

---

34 Als „klassische Einwanderungsländer" galten bislang die USA, Kanada und Australien sowie Argentinien, wo die Bevölkerung zum Großteil aus europäischen EinwanderInnen und deren Nachkommen besteht und die auch in der zweiten Hälfte des 20. Jahrhunderts dem Zuzug von anderen Kontinenten relativ offen gegenüberstanden. Es ist jedoch darauf hinzuweisen, dass in dieser Darstellung die Geschichte der autochthonen Bevölkerung ausgeblendet wird: deren Enteignung und Ermordung sowie der marginalisierte Status, den ihre Angehörigen heute haben (Castles/Miller 1993:5). Außerdem lässt sich gegenwärtig auch in diesen „klassischen Einwanderungsländern" anhand der zunehmenden Restriktionen gegenüber MigrantInnen ein Wandel im „Selbstverständnis" beobachten.

darüber abgestimmt, was es in Europa überhaupt zu deuten gibt. Ich spreche daher im Folgenden von einer europäisch-französischen Migrationspolitik.

8.1. Europäische Union

8.1.1. Mobilität und Fehlannahmen

Bereits in der historischen Begründung der „europäischen Idee" baute die europäische Migrationspolitik auf Fehlannahmen über menschliche Wanderungsbewegungen auf (Moulier Boutang 2002, Wihtol de Wenden 1999): Migration von „außen" wurde als ein nur temporäres Phänomen eingestuft, das mit dem Wiederaufbau nach dem Ende des Zweiten Weltkrieges zum Stillstand kommen würde. Europa wurde nicht als Einwanderungsgebiet wahrgenommen, das auch für Menschen aus anderen Kontinenten interessant sein könnte. Hingegen wurde die Migrationsbereitschaft innerhalb der sich bildenden europäischen Gemeinschaft weitgehend überschätzt.[35]

Vor diesem Hintergrund wurden auch konkrete Politikinhalte auf falschen Annahmen über Migration aufgebaut:

- Bereits anwesende MigrantInnen kehren nicht schneller zurück, wenn die Zuwanderung neuer MigrantInnen erschwert oder beschränkt wird; im Gegenteil werden sie dadurch tendenziell zu längerem Aufenthalt angeregt (Moulier Boutang 2002). Auch die Trennung von Niederlassungs- und Arbeitsmigration veranlasst Personen, eher länger zu bleiben, damit sie offiziell arbeiten können (Harris 2002:31).
- Migration ist kein Nullsummenspiel, bei dem die Ausreise von Personen die Einreise anderer aufhebt, denn eine solche Rechnung lässt zum Beispiel migrantische Familienzusammenhänge außer Acht. Außerdem übersieht sie die Bereitschaft von Personen, sich unter bestimmten Umständen auch ohne regulären Titel in einem Land aufzuhalten (Moulier Boutang 2002:84).
- Migration ist ein Prozess, den mehrere Faktoren bestimmen und der auf mehreren Ebenen wirkt. Sie kann daher nicht allein über juristische und polizeiliche Maßnahmen reguliert werden. Reale Personen splitten sich nicht je nach politischem und ökonomischem Bedarf in migrantische Arbeitskraft, „Brain" oder Familienmitglied (ebd.).

Ungeachtet dessen gelten ausgehend von diesem Migrationsverständnis in Europa prinzipiell fünf Bereiche als „legale" Möglichkeiten des Eintritts, des Aufenthalts und der Niederlassung: Flüchtlingswanderung, Familiennachzug, traditionell pri-

---

35 Der Prozentsatz jener UnionsbürgerInnen, die in einem Mitgliedsstaat leben, dessen Staatsbürgerschaft sie nicht haben, bleibt seit den 1980ern konstant niedrig, vor allem unter beruflich weniger Qualifizierten. Beim EU-Gipfel in Nizza 2000 zum Beispiel wurden deshalb – neben den bereits vorhandenen „Mobilitätsprogrammen" wie für den Austausch von Studierenden – zusätzliche Maßnahmen beschlossen, um die Mobilität von UnionsbürgerInnen zu fördern (Nuscheler 2004 [1995]:63).

vilegierte Migrationsbeziehungen (über postkoloniale Beziehungen oder Minderheitenwanderung) und offizielle Arbeitswanderung (Bade 2001:66). Im Umkehrschluss ergeben sich viele irreguläre Wege nach Europa, die danach unterschieden werden können, ob die *Illegalität* mit der Einreise beginnt (durch inoffiziellen Grenzübertritt oder Einreise mit falschen Dokumenten) oder erst im Zuge des Aufenthalts (etwa indem Personen – sogenannte „overstayers" – rechtmäßig einreisen, dann aber über den gültigen Zeitraum hinaus bleiben oder den Zweck ihres Visums verletzen). In manchen Rechtssystemen nach Abstammungsprinzip ist es möglich, dass auch im Staat geborene Personen kein Aufenthaltsrecht haben, wie zum Beispiel Kinder von irregulären MigrantInnen.[36] In der Mehrheit der Fälle entsteht irreguläre Migration nicht beim Überschreiten der „grünen Grenze" oder auf dem Seeweg und mit Hilfe von „Schlepper"-Organisationen, sondern durch diese Visa-Überschreitungen – weniger spektakulär, irgendwann im Inneren des Landes. Die europäische Migrationspolitik konzentrierte sich bislang dennoch auf die Gestaltung ihrer Grenzen.

8.1.2. Grenzen der Illegalität in Europa 1985-2006

Die Grenzen der Europäischen Union weiten sich aus und damit jene ihrer Migrationsordnung. Damit wird auch der Kreis von Personen größer, deren Wanderungsbewegungen angesichts dieser Grenzen als „legal" oder „illegal" definiert werden. Die Entwicklung dieser Grenzen lässt sich hinsichtlich ihres Wirkungsbereiches in drei Phasen unterteilen: die Grenze als Linie, als Raum und als Territorium (siehe Anhang C, zusammengestellt aus Bade 2001, Fermin/Kjellstrand 2005, Garcia-Jourdan 2004, Marie 2004, Nuscheler 2004 [1995], Samers 2004, Tholen 2005, Wihtol de Wenden 1999; „Migration und Bevölkerung", PICUM).

· Grenzlinie: Drittstaaten (1985-1997)

Der Grundstein der europäischen Migrationsordnung ist das Schengen-Abkommen von 1985, das offizielle Kontrollen zwischen den Mitgliedsstaaten direkt an den Grenzposten abbaut und seinen gemeinsamen Geltungsbereich in Abgrenzung zu „Drittstaaten" definiert.[37] Es regelt dementsprechend auch die Reise- und Aufenthaltsfreiheit von „Drittstaatsangehörigen". Die Einheitliche Europäische Akte deklariert 1987 die Freizügigkeit von ArbeitnehmerInnen und die Freiheit des Waren-, Dienstleistungs- und Kapitalverkehrs innerhalb der Europäischen Gemeinschaft (wie sie zu diesem Zeitpunkt noch heißt) zur „Binnenmobilität". 1990 nennt das Schengen-Zusatzabkommen Schengen II „ergänzende

---

36 Allgemein werden zwei Systeme der rechtlichen Regelung von Mitgliedschaft in einem politischen System unterschieden: das Abstammungsprinzip (ius sanguinis) und das Territorialprinzip (ius soli) (Nohlen/Kriz 1994:609f).
37 Das Schengen-Abkommen ist eine Sammlung völkerrechtlicher Verträge zwischen der Mehrheit der heutigen EU-Mitgliedsstaaten. In Großbritannien und Irland ist es nur eingeschränkt gültig, dafür aber auch in den Nicht-EU-Staaten Island und Norwegen. 1997 wurde das Schengen-Abkommen in den Vertrag von Amsterdam übernommen und vergemeinschaftet.

Maßnahmen zur inneren Sicherheit", und im selben Jahr zeigt mit der Dublin-Regelung die europäische Integration erstmals ihre direkten Konsequenzen für Migration „von außen": Der Asylentscheid eines Mitgliedsstaates ist von nun an auch für alle anderen bindend. AsylwerberInnen, die einmal in einem Mitgliedsstaat abgewiesen werden, können nicht mehr in einem anderen Mitgliedsstaat einen neuen Antrag stellen. Der Vertrag von Maastricht 1993 erklärt Migration und irreguläre Migration schließlich zu „Angelegenheiten von gemeinsamem Interesse".

In der Praxis werden die vier Freiheiten der Bewegung unterschiedlich gewichtet: Besonders Personen und Dienstleistende sind immer wieder von „Ausnahmeregelungen" betroffen (Wihtol de Wenden 1999:13). Generell bleibt die innereuropäische „Mobilität" konstant niedrig. Die Erklärung der Bewegungsfreiheit nach innen funktioniert so vor allem als Schutz der Mitgliedsstaaten vor Migration „von außen" (ebd.). Während sich die Europäische Gemeinschaft zur Europäischen Union entwickelt wird die Grenze zu einem zentralen Instrument europäischer Zusammengehörigkeit. Die „Festung Europa" nimmt als Raum und in Form von „kollektiven Mentalitäten" (Bade 2003:11) Gestalt an.

· Raum: Festung Europa (1997-2001)
Im Vertrag von Amsterdam 1997 definiert sich die Europäische Union als „Raum der Freiheit, der Sicherheit und des Rechts". Im gleichen Dokument werden Immigrations-, Asyl- und Visa-Politik sowie Regelungen der Bewegungsfreiheit formal von der dritten in die erste Säule transferiert und somit gemeinschaftlicher Kompetenz unterstellt. Die Mitgliedsstaaten behalten mit dem Einstimmigkeitsprinzip aber die Möglichkeit zum Veto. Erst seit dem Jahr 2005 wird der Großteil der Entscheidungen im Bereich Asyl und irreguläre Migration mit qualifizierter Mehrheit entschieden. Beim Europäischen Rat von Tampere (15./16.10.1999) werden vier Grundlinien einer harmonisierten Immigrationspolitik spezifiziert, die Gleichstellung „legaler" MigrantInnen in der EU wird als Ziel deklariert und gleichzeitig der Wille zu „Migrationsmanagement" bekundet. Das Asylwesen soll gemeinschaftlich geregelt werden und dabei auch stärker auf Kooperation mit den Herkunftsländern aufbauen. Ein Jahr später folgt die Grundrechtscharta der Europäischen Union, die die Ungleichstellung irregulärer MigrantInnen festschreibt. Denn sie nennt unveräußerliche Rechte und Freiheiten in der EU wie das Recht auf Unversehrtheit (Artikel 3) und die Achtung des Privat- und Familienlebens (Artikel 8), bestätigt aber zugleich in Form einer Schutzklausel die Praxis von Abschiebungen, Ausweisungen und Auslieferungen (Artikel 19) ohne Verweis auf eben diese Grundrechte. Eine Abschiebung verbietet sie lediglich, wenn „das ernsthafte Risiko" von Todesstrafe, Folter oder einer anderen unmenschlichen Bestrafung und Behandlung bestehe. *Illegalität* dehnt ihre Bedeutung vom Grenzort auf den Rechtsraum aus – und wie sich schon nach dem Rat von Tampere andeutet, bald auch über diesen hinaus.

· Territorium: Geopolitik der Illegalität (2001-2006)
Nachdem die Finanzausgaben zur Sicherung der europäischen Außengrenzen und das „Migrationsmanagement" im EU-Innenraum zugenommen haben, gewinnen bilaterale Programme eine neue Hauptrolle in der europäischen Migrationsordnung. Alle seit 1999 unterzeichneten Assoziations- und Kooperationsabkommen zwischen der EU und Drittstaaten verpflichten in Klauseln dazu, irreguläre Migration und Menschenschmuggel zu bekämpfen (Nuscheler 2004 [1995]: 182).[38] Maßnahmen gegen irreguläre MigrantInnen sollen zukünftig schon vor deren Einreise ansetzen. Beim Europäischen Rat von Laeken (14./15.12.2001) wird ein Aktionsplan gegen irreguläre Migration gefordert. 2002 wird dementsprechend ein „Präventions-Plan" für „Maßnahmen im Grenzvorbereich" und Rückübernahmeabkommen erarbeitet, ein Jahr später spricht die Europäische Kommission von „pro-aktiver" Immigrationspolitik. Dublin II regelt 2003 schließlich das „one stop shop"-Prinzip für das Asylwesen: AsylwerberInnen werden verpflichtet, auf der Fluchtroute bereits im ersten von der EU als sicher definierten Staat Asyl zu beantragen – auch wenn dieser außerhalb der EU liegt. Wird bei einem Asylverfahren festgestellt, dass Asylwerbende sich vor der Ankunft in der EU in solchen „sicheren Drittstaaten" aufgehalten oder sie passiert haben, sind die Personen dorthin zu überstellen.
Verantwortung wird in einem Prozess des „shipping-out" an Nachbar- und Partnerstaaten übertragen. Die Migrationsstrategie der EU wurde daher als Teil einer „Geopolitik der ‚illegalen' Immigration" bezeichnet (Samers 2004). Vor- und ausgelagerte Kontrollen und restriktivere Visa-Politik wirken zusammen und transformieren die europäische Grenzpolitik in eine „non-arrival policy" – die es für Personen aus bestimmten Staaten offiziell schwieriger macht, überhaupt nach Europa zu reisen (Tholen 2005:330). Die vorhandenen territorialen EU-Grenzen werden mit dieser Migrationspolitik überschritten. Die Definition von *Illegalität* weitet sich über Grenzlinie und Grenzraum aus und setzt zunehmend schon bei der Ausreise aus dem Herkunftsland an.[39]

8.1.3. Kontinuitäten der europäischen Migrationsordnung
In der europäischen Migrationspolitik hat mit dem Schengen-Abkommen der Schutz „gegen außen" gegenüber der Bewegungsfreiheit „nach innen" an Bedeu-

---

38 Diese Abkommen umfassen MEDA für den Mittelmeerraum, CARDS für die westlichen Balkanländer, TACIS für Osteuropa und Zentralasien und das Cotonou-Abkommen mit den AKP-Staaten, sowie einen Teil des PHARE-Programms für die jüngsten EU-Mitglieder vor deren Beitritt (Nuscheler 2004 [1995]:182-183).
39 Einen Bericht aus dem „Grenzvorbereich" rund um die spanischen Enklaven Ceuta und Melilla liefert das Netzwerk migreurop (2006): Interviews erzählen von den Lebensbedingungen der dortigen MigrantInnen und berichten von Menschenrechtsverletzungen, die in Kooperation von EU, UNHCR und marokkanischer Regierung begangen wurden. So wurden etwa MigrantInnen in Wüstengebiete abgeschoben und Personen beim Versuch, aus ihrem Staat auszureisen, zurückgehalten.

tung gewonnen. Seit diesem Zeitpunkt ist ihr wesentliches Charakteristikum, Migration als Sicherheits-Thema zu behandeln. HauptakteurInnen waren und sind die nationalen MinisterInnen für Justiz und Inneres, für die sich Migration zwischen die Agenden Schmuggel, Verbrechen und Terrorismus einreiht (Tholen 2005: 329). Migrationspolitik wird zu einer polizeilichen Migrationsordnung als „strategy of policing foreigners rather than an immigration policy" (Marie 2004:27).[40] Diesen Prozess, der schon vor den Terroranschlägen vom 11. September 2001 einsetzte, fassen zahlreiche AutorInnen als „securitisation of migration" zusammen (Tholen 2005:328).

Das Schengen-Abkommen fiel in eine Zeit, in der nationale AkteurInnen in den Mitgliedsstaaten zunehmend ihre Souveränität bedroht sahen. Die Reaktion darauf war eine verstärkte polizeiliche Zusammenarbeit auf europäischer Ebene, die jedoch wiederum der nationalstaatlichen demokratischen Kontrolle weitgehend entzogen ist (Wihtol de Wenden 1999:32).

Es lassen sich zwei Entwicklungen zeigen, wie diese Entdemokratisierung verläuft: zum einen verlagern Regierungschefs und -chefinnen sowie MinisterInnen für Justiz und Inneres in einer Strategie des „venue-shopping" rhetorisch Verantwortung auf die Ebene der EU, wo sie aber in Migrationsfragen sehr wohl selbst Entscheidungskompetenz haben (Samers 2004). Zum anderen werden politische Mittel zu polizeilichen umgewichtet und die Leitung und Organisation von „Auffanglagern", „Anhaltezentren" und „Wartezonen" von öffentlichen zu privaten AkteurInnen verlagert. Durch diese beiden Kontinuitäten Sicherheits-Denken und Entdemokratisierung gestaltet sich die europäische Migrationspolitik gegenüber irregulären MigrantInnen von Beginn an als Migrationsordnung; und in Anlehnung an Jacques Rancière könnte man auch sagen zunehmend als Migrationspolizei.[41]

Illegalität wird ausgeweitet, als Ordnung von Grenzlinie und -raum hält sie die Mehrheit der irregulären MigrantInnen – die mit TouristInnen- und StudentInnenvisa ankommen und diese dann überziehen („overstayers") – aber nicht auf. *Illegalität* funktioniert hier weniger zur Umleitung von Personen als zu deren interpretativen Umordnung – der Schaffung der „europäischen Illegalen". Mit ihrer jüngsten Grenzordnung als „Nicht-Ankunfts-Politik" setzt die EU schließlich ein Stück weit ihrer Geltung als Raum offener Demokratien ein Ende. Die Auswanderung von Personen Richtung Europa wird aber auch so nur bedingt aufgehalten: Statistisch gesehen hat die restriktivere europäische Politik zwar zu einem Rückgang der regulären Migration geführt, besonders in den Ländern mit intensi-

---

40 „eher eine Polizeistrategie gegenüber AusländerInnen als eine Einwanderungspolitik"
41 Gegenüber dieser Festungspolitik wurde aus demokratischer (Balibar 2001:174f), humanistischer (Bielefeldt 2006:81f) und global-ökonomischer Perspektive (Sassen 1999:96) Bedarf formuliert, die europäischen Grenzen zu repolitisieren. Auch verschiedenste Modelle von Grenzöffnung und „Open-Border-Policy" sind Gegenstand wissenschaftlicher und, auf internationalem Level, auch offizieller politischer Debatten. Für einen Überblick dazu siehe Pécoud/Guchteneire 2005.

ver Immigrationsgeschichte wie Frankreich (Wihtol de Wenden 1999:35). Die Routen, Netzwerke und persönlichen Bande reißen jedoch nicht per Einwanderungsgesetz. Wenn die konventionellen Formen der Einreise schweren Auflagen und Beschränkungen unterliegen, nehmen unkonventionelle, irreguläre Formen zu, die zuvor nur einen sehr geringen Teil der Personen in die EU brachte. Irreguläre Migration durch Grenzaufrüstung stoppen zu wollen, wurde deshalb als Illusion beschrieben (Bade 2001:69). Mit zunehmender Kontrolle steigen in erster Linie die Transportkosten der MigrantInnen und die Risiken, bei der Einreise das Leben zu verlieren.

8.1.4. Unionsbürgerschaft à la carte

Die Grenze, die von der europäischen Migrationsordnung vorgegeben wird, scheitert in der Funktion, Einreise, Aufenthalt und Niederlassung von Personen auf „europäischem Boden" zu beschränken. Vielmehr wirkt sie als interne Schranke. Innerhalb der Europäischen Union kommt es zur „fracture", also zum Bruch zwischen UnionsbürgerInnen, die zur „Mobilität" aufgefordert, für sie gefördert und befördert werden, und Drittstaatsangehörigen, deren „Migration" disqualifiziert wird. Über den legalen Status werden Personen in erster Linie nicht physisch, sondern in der Bedeutung, die sie erhalten, von der Gesellschaft getrennt: „Elle conduit, à terme, à une gestion différenciée des groupes sociaux en fonction de leur statut." (Leveau u.a. 2001:9)[42] Zur gleichen Zeit versucht die Europäische Union, die in ihr lebenden Personen durch eine mobile *Staatsbürgerschaft* in ein demokratisches Verhältnis einzubinden. Wie hängt dieses neue politische Subjekt der Unionsbürgerinnen und Unionsbürger mit der europäischen Migrationsordnung und deren Grauzonen zusammen?

Im Vertrag von Maastricht (1993) wird in Artikel 8 die Unionsbürgerschaft für BürgerInnen der Mitgliedsstaaten verankert. Abgesehen von den eher schwachen Petitionsrechten an das Europäische Parlament und einen europäischen Ombudsmann, wird sie durch die Bewegungs- und Niederlassungsfreiheit im Gebiet der Mitgliedsstaaten wirksam; sowie durch aktives und passives Wahlrecht auf lokaler Ebene und bei Wahlen zum Europäischen Parlament – und zwar unabhängig von der eigenen Nationalität in jenem Mitgliedsstaat, wo man niedergelassen ist (Martiniello 1994:31).

Die Unionsbürgerschaft ist jener Titel politischer Handlungsfähigkeit, der in den Mitgliedsstaaten die Debatte über die Formen und Wahrnehmung politischer Partizipation am stärksten beeinflusst hat (Wihtol de Wenden 1999:115). Anfang der 1990er Jahre wurde sie noch als Ausdruck transnationaler Politik gedeutet, die den nicht-natürlichen Charakter des Politischen darlege und Partizipation per Entscheidung statt per Geburt ermögliche (Tassin 1992:189). Im Laufe des Jahrzehnts kam jedoch immer deutlicher zum Tragen, dass sich die Unionsbürger-

---

42 „Sie führt auf die Dauer zu einer unterschiedlichen Handhabe sozialer Gruppen entsprechend ihrem Status."

schaft viel mehr aus den bisherigen nationalen Konzepten von *Staatsbürgerschaft* ableitet. Der Vertrag von Amsterdam erklärt, dass die Unionsbürgerschaft die der Nationalstaaten ergänzt und nicht ersetzt. Die Unionsbürgerschaft ist damit nicht Ausdruck einer neuen politischen Subjekt-Werdung, sondern bedeutet im Gegenteil die Fortschreibung nationaler Subjekte und „renewal of nationalism" (Martiniello 1994:34f). Nicht nur die Rechtstitel, sondern auch die Praxen politischer Identitätsbildung funktionieren auf europäischer Ebene nach ähnlichen Mustern wie auf nationaler.[43]

Als zweites wesentliches Charakteristikum der Unionsbürgerschaft wurde beschrieben, dass sie „von oben" gebildet wird (Martiniello 1994:36) und der Lebensrealität derjenigen, die über sie verfügen (der Mehrheit der relativ unmobilen BürgerInnen in den EU-Staaten im Gegensatz zu einer hochmobilen „Elite")[44] nur in geringem Maß entspricht. Dennoch hat sie sich mit Ausnahme von Dänemark, Schweden, Großbritannien, Irland, Portugal und Ungarn gegen lokale Modelle von *Citizenship* durchgesetzt, wie wir am Beispiel Frankreichs sehen werden. Aus der Kombination dieser beiden Merkmale – „von oben" verliehen und national begründet – ergibt sich eine Bürgerschaft der Mobilität, die MigrantInnen aus Drittstaaten ausnimmt (Jordan/Düvell 2002:43); und zwar unabhängig davon, ob diese regulär oder irregulär niedergelassen sind.

Die Europäische Union wird somit nicht nur zu einer Zone der „zwei Geschwindigkeiten" hinsichtlich der Integration der einzelnen Mitgliedsstaaten, sondern auch der „zwei Zeitrechnungen", wenn es um die *Integration* ihrer EinwohnerInnen geht. Es ist das Paradox von Maastricht, „[...] que les résidents les plus longuement installés dans la cité sont exclus de la citoyenneté locale alors que les Européens, plus mobiles, et souvent plus récents, y ont accès de plein droit." (Leveau u.a. 2003:11)[45] Wihtol de Wenden spricht daher von einer „hierarchisierten Staatsbürgerschaft mit einer neuen internen Grenze" (Wihtol de Wenden 2002:88):

„European citizenship is a series of concentric circles but with a main border between Europeans and extra-Europeans and a central issue, the freedom of circulation or not. This border is today reinforced by the dynamic of social inclusion/ exclusion which partly corresponds with that of extra-European immigration, from which may appear an identity of dissent." (Wihtol de Wenden 2002:88)[46]

---

43 Die Linguistin Ruth Wodak und die Politologin Sonja Puntscher Riekmann aus Österreich nennen die diskursive Verwendung von Körper, Geschichte und Einzigartigkeit als Praxen inkludierender und exkludierender Identitätsbildung (Wodak/Puntscher Riekmann 2003).
44 Für eine internationale Perspektive auf diesen Mobilitäts-Gegensatz siehe Sassen 2006.
45 „[...] dass die BewohnerInnen, die schon am längsten in der Stadt niedergelassen sind, von der lokalen Citoyenneté ausgeschlossen sind, während die mobileren, häufig erst vor Kürzerem angekommenen EuropäerInnen, vollen Rechtszugang zu ihr haben."
46 „Die Unionsbürgerschaft entspricht einer Serie konzentrischer Kreise, jedoch mit einer Hauptgrenze zwischen EuropäerInnen und Nicht-EuropäerInnen und einem zentralen Thema: Bewegungsfreiheit oder nicht. Diese Grenze wird heute durch die Dynamik sozialer Inklusion/Exklusion

Mit Blick auf die EU entwickelte Martiniello schließlich auch sein Konzept von „margizen": einer Person im Verhältnis zu einem Staat mit stark eingeschränktem politischen, zivilen, sozioökonomischen Status oder auch mit Statuslosigkeit aufgrund von *Illegalität* (Martiniello 1994:41f).

Die Unionsbürgerschaft als Titel politischer Handlungsfähigkeit schreibt sich in die Ordnung von Migration und die Konstruktion von *Illegalität* ein. Bereits etablierte politische AkteurInnen werden durch sie neu legitimiert und damit vorhandene Ausschlussmechanismen verstärkt. Im neuen demokratischen Verhältnis der Europäischen Union wird die Mehrheit der Mobilen, die aus Drittstaaten kommt, delegitimiert, als gleichberechtigte politische AkteurInnen aufzutreten.

8.1.5. Demokratisierung?

Die Einführung der Unionsbürgerschaft steht für eine Demokratisierung „von oben", die nicht versucht, auf Fehleinschätzungen über interne und externe Migration zu reagieren. Sie ist Teil eines politischen Projektes, das Gesellschaft mit MigrantInnen „meistern" will. Die eine Bewegung soll als Mobilität gefördert, die andere als Migration beschränkt werden. Als neuer „Name" für legitime politische Handlungsfähigkeit verstärkt sie vorhandene nationale Ausschlüsse. Sie schwächt die Möglichkeiten von Drittstaatsangehörigen, sich im Vergleich zu anderen Stimme zu verschaffen. Die Vielheit der möglichen Positionen vor Ort wird limitiert. Damit fügt sie sich nahtlos in die Geschichte der europäischen Migrationsordnung ein: in den Versuch, der Vielfalt menschlicher Identität eine einzige Bedeutung zuzuschreiben („Arbeitsmigrant", „Asylwerberin", „Familienangehörige") und Personen dementsprechend umzuleiten und umzuwerten.

Für Etienne Balibar äußert sich in diesem System hierarchischer Abstufung von Subjekten eine „europäische Apartheid" (Balibar 1999:108ff/2001:307f) – sie ist für ihn nicht nur ein Ausdruck mangelnder Demokratie in der EU, sondern auch der völkischen Geschichte ihrer Mitgliedsstaaten. Zur Konstruktion der *Illegalität* in der Europäischen Union braucht es auch den Nationalstaat.

8.2. Frankreich

8.2.1. L'Autre und Fehlannahmen

Frankreich hat unter den europäischen Staaten eine der längsten Immigrationsgeschichten. In absoluten Zahlen lebt in Frankreich die zweitgrößte Gruppe von MigrantInnen. Im Jahr 2005 waren es rund 6,5 Millionen Personen und somit 10,7 Prozent der Bevölkerung (United Nations 2006a). Fünf Prozent aller in Frankreich geborenen Kinder haben eine eingewanderte Mutter und einen eingewanderten Vater (Tavan 2005:4).

---

verstärkt, die zum Teil jener der nicht-europäischen Immigration entspricht, aus der heraus eine dissidente Identität entstehen könnte."

In der „Grande Nation" war und ist Migration daher ein großes Thema und umgekehrt ist die „Nation" eine Schlüsselkategorie, um die Rolle von MigrantInnen im französischen Staat zu verstehen. Bedeutung erhält eine Nation über Prozesse von Inklusion und Exklusion (Kastoryano 2002:115). Für Balibar ist Nation per se ein Ausschlussprinzip und daher ohne Nationalismus nicht zu denken (Balibar 2001).[47] Wesentlich für das Selbstverständnis von Nation ist der Umgang mit „l'Autre" („dem Anderen"),[48] der in Frankreich von seiner kolonialen Geschichte geprägt ist. Seit der Dekolonisierung in den 1960er Jahren wird in der öffentlichen Kommunikation versucht, nationale und koloniale Vergangenheit diskursiv zu trennen ohne sie ernsthaft aufzuarbeiten (Bancel u.a. 2005:14). Dies äußert sich zum Teil in „institutionalisiertem Vergessen" und gleichzeitig in einer bis heute fortwährenden „nostalgie coloniale" (ebd.).[49] Laut dem Historiker und Politologen Achille Mbembe blieben in Frankreich koloniale Deutungsstrukturen nach innen aufrecht, auch nachdem der externe Territorialanspruch gefallen ist. Diesen (Nicht-)Prozess nennt er „Décoloniser sans s'autodécoloniser" (Mbembe 2005:140).

In der Vorstellung der Nation schreibt sich das kolonial geprägte Muster „des Anderen" im Umgang mit Differenz bis heute fort. Das zeigt sich demnach an der französischen Kommunitarismusdebatte und im französischen Integrations-Modell, das auf dem kolonialen Assimilierungsmodell aufbaut (ebd.:148f). Auf Anpassung werde abgezielt, doch im Resultat Marginalität erzeugt:

> „Aussi, prise de court et ne parvenant pas à interpréter des évolutions qui la dépassent, la machine à intégrer inverse ses finalités: au lieu d'incorporer de nouvelles références à sa grammaire, elle délégitime, marginalise et *in fine* exclut des fractions entières de la population qui ne correspondent pas aux étiquettes sociales instituées." (Simon 2005:238f)[50]

In dieser Migrationstradition des „Anderen" konstruiert sich in Frankreich *Illegalität*.

---

47 Eine ausführliche Darstellung der diskursiven Konstruktion von Nation als „imagined community" liefert Anderson 1991 [1983].
48 Für eine historische Perspektive auf die Konstruktion „des Anderen" in Frankreich siehe Wihtol de Wenden 1998.
49 Beispiele für diese „Kolonialnostalgie" sind die lange diskutierte, schließlich zurückgezogene Festschreibung einer positiven Rolle des französischen Kolonialismus in Afrika in Schulbüchern oder auch die Einrichtung der „Cité nationale de l'histoire de l'immigration" (http://www.histoire-immigration.fr/ [13.12.2006]) im ehemaligen Kolonialmuseum des Palais de la Porte Dorée in Paris.
50 „So kehrt die Integrationsmaschine – überrascht und ohne dass sie die Entwicklungen, von denen sie überholt wird, deuten könne – ihre Zielsetzung um: Statt neue Bezüge in ihre Grammatik aufzunehmen, delegitimiert, marginalisiert und exkludiert sie letztlich ganze Bevölkerungsteile, die nicht den geltenden sozialen Etiketten entsprechen."

8.2.2. Selektion von Illegalität in Frankreich 1974-2006

Frankreich hat zwar eine Immigrationstradition seit 1830, die politische Gestaltung seiner Grenzen ist aber Geschichte jüngeren Datums. Sie beginnt mit dem Ende der sogenannten „Trentes Glorieuses" (1945-1974), jener wirtschaftlichen Wachstumsphase, in der massiv ArbeiterInnen nach Frankreich angeworben wurden. Zwar gab es mit der „Ordonnance du 2 novembre 1945" bereits eine Verordnung als Basistext für die französische Immigrationsordnung – und somit auch die Möglichkeit irregulärer Migration. Tatsächlich war der Bedarf an Arbeitskraft aber so groß, dass Migration pragmatisch als eine Antwort darauf gewertet wurde, egal ob reguliert oder nicht. Auch als beispielsweise im Jahr 1968 mehr als 80 Prozent der Personen auf irregulärem Weg nach Frankreich kamen. Eine Umdeutung beginnt mit Ende dieser wirtschaftsstarken Jahre, unter Eindruck der internationalen Ölkrise 1973 und wachsender Arbeitslosigkeit.

Bei der „Ordonnance" handelt es sich um eine Verordnung und nicht um ein Gesetz – auch die späteren, tatsächlich im parlamentarischen Verfahren verabschiedeten Immigrationsgesetze sind als Veränderungen dieses Dokumentes zu verstehen (Poelemans/Sèze 2000:311f). Schon rein formal kann daher von einer französischen Migrationsordnung gesprochen werden. Die in ihr stattfindende Entwicklung von *Illegalität* lässt sich nach ihren jeweiligen Bezugspunkten in drei Phasen einteilen: bezogen auf Arbeitsmarkt, Sicherheit und Gemeinschaft (siehe Anhang D, zusammengestellt aus CIMADE 2006a, Engler 2005, Lochak 2002, Mboup 2001, Wihtol de Wenden 1999).

· Arbeitsmarkt: Fermeture des Frontières (1974-1986)

Am 5. Juli 1974 endet in Frankreich per Verordnung offiziell die freie Arbeitsmigration. 1976 formuliert Paul Dijoud, Staatssekretär für Immigration, eine „neue Migrationspolitik": Stopp der Arbeitsmigration, Stopp der Reisefreiheit für die Mehrheit jener Angehörigen afrikanischer Staaten, die bis dahin davon profitiert hatten,[51] stärkere Kontrollen der Grenze. Bereits im folgenden Jahr geht es nicht mehr allein um den Stopp der Eintritte, sondern auch um die Reduktion der sich in Frankreich aufhaltenden MigrantInnen: 1977 wird eine finanzielle Rückkehrhilfe eingeführt, Aufenthalts- und Arbeitsgenehmigungen werden nicht verlängert. 1978 beginnen die ersten erzwungenen „Rückkehrmechanismen" für migrantische Arbeitskräfte. Zugleich sollen anwesende MigrantInnen besser integriert werden. 1984 wird eine automatisch verlängerbare „carte de résident" eingeführt, die für zehn Jahre zu Aufenthalt und Arbeit berechtigt; sie steht nicht nur arbeitenden MigrantInnen offen und antwortet auf eine der Forderungen der Beurs-Bewegung (siehe Kapitel 8.2.5.).

---

[51] Vor 1986 waren einige afrikanische Staaten (Senegal, Mauretanien, Gabun, Côte d'Ivoire, Marokko, Algerien) von der Visa-Pflicht für längere Aufenthalte in Frankreich befreit (Diop 1997: 123).

In dieser ersten Hälfte der 1980er hält die Arbeitslosigkeit in Frankreich an, existierende Arbeitsverhältnisse werden zunehmend prekär. Der ökonomische Diskurs verbindet sich mit dem Thema Sicherheit (Lochak 2002:210). Das „Loi Bonnet"[52] sanktioniert 1980 irreguläre Einreise und Aufenthalte mit Abschiebung und erstmals dürfen Nicht-StaatsbürgerInnen davor in einer Strafanstalt in Gewahrsam genommen werden, was eine substanzielle Änderung der „Ordonnance" von 1945 darstellt. Mit der neuen Oppositionspartei Front National als Sprachrohr setzt ein Täterdiskurs ein, der die Migrationspolitik des nächsten Jahrzehnts prägen sollte: aus der „flexiblen Arbeitskraft", für die es keinen Bedarf mehr gibt, wird ein Sicherheitsrisiko in Form von „Drogendealern", „Asyl- und Heiratsschwindlern" (Siméant 1998:203f). Irreguläre MigrantInnen werden zum Inbegriff einer Bedrohung der „nationalen Sicherheit": zum Kriminellen in der politischen Gemeinschaft und zu „l'immigré des immigrés" (ebd.).

· Sicherheit: L'Ordre Public (1986-1997)
Gegen Ende der 1980er werden zusätzliche Rechtsinstanzen und Schutzbestimmungen im Abschiebeprozess eingeführt – unter „humanen" Kriterien wird die „Entfernung" („éloignement") von irregulären MigrantInnen prinzipiell bestätigt. Anfang der 1990er Jahre ist die französische Migrationsordnung von der Implementierung des Schengen-Abkommens geprägt: Internationale „Wartezonen" werden eingerichtet, Kontrollbefugnisse und Datenerfassung erweitert und Verantwortung an private AkteurInnen verlagert. Zum Beispiel werden Fluglinien und andere Transportunternehmen für die Kontrolle der Einreise- und Aufenthaltsdokumente ihrer PassagierInnen haftbar gemacht. Die beiden „Lois Pasqua"[53] von 1993 setzen weitere Schengen-Regelungen um und verankern das Dublin-Abkommen. Das Konzept einer europäischen „inneren Sicherheit" wird in Frankreich in „öffentliche Ordnung" übersetzt.[54] Sie wird zum Maßstab für die Vergabe von Aufenthaltstiteln und für die Lockerung von Abschiebeschutzbestimmungen in der „Interdiction du Territoire Français". Pasqua erklärt „immigration zéro" zu seinem langfristigen Ziel.

Ein neu eingeführtes „Beherbergungszertifikat" („certificat d'hérbergement") macht Privatpersonen für die ordnungsgemäße Ein- und Ausreise ihrer Gäste verantwortlich. Fremdenrechtliche Kontrolle dringt stärker in die Privatsphäre vor, auch bei der Überprüfung von Ehen zwischen französischen StaatsbürgerInnen mit Drittstaatsangehörigen. Ebenfalls mit dem „Loi Pasqua" werden Aufenthaltstitel erstmals deutlich an die Lebensführung gekoppelt (Verbot der Polygamie)

---

52 Französische Gesetze sind nach dem Datum ihres Inkrafttretens verzeichnet und meist kurz nach dem verantwortlichen Minister / der verantwortlichen Ministerin benannt – hier also nach Christian Bonnet (UDF), Innenminister 1977-1981.
53 Charles Pasqua (RPR), Innenminister 1986-1991, 1993-1995
54 „Öffentliche Ordnung" war auch schon in der „Ordonnance" vom 2.11.1945 verankert, in der besprochenen Phase der französischen Migrationsordnung wird sie jedoch zum zentralen Referenzpunkt.

und der Nachweis regulären Aufenthalts wird zur Voraussetzung, um Sozialhilfe zu empfangen. Humanitäre Argumente für die Zulassung von Personen verlieren allmählich an Bedeutung. Anfang 1991 erklärt Premierminister Michel Rocard,[55] man könne in Frankreich nicht „toute la misère du monde" („all das Elend der Welt") beherbergen (Siméant 1998:204). Selektion wird im Laufe des folgenden Jahrzehnts zum In-Begriff der französischen Migrationsordnung werden.

· Gemeinschaft: La Bonne Intégration (1997-2006)
In der zweiten Hälfte der 1990er wird die „Nullmigrationspolitik" im „Loi Chevènement"[56] nach familiären und „humanitären" Gesichtspunkten gelockert. Beispielsweise kann territoriales Asyl vergeben werden, wenn das Leben des Migranten/der Migrantin bei Abschiebung ins Herkunftsland bedroht ist, oder wenn im Fall schwerer Krankheit die benötigte medizinische Versorgung im Herkunftsland nicht gewährleistet ist. Als wichtigste Neuerung in Bezug auf *Illegalität* wird eine Möglichkeit zur Regularisierung nach zehn Jahren kontinuierlichen Aufenthalts und bei persönlichen und familiären Bindungen gesetzlich verankert. *Illegalität* als Konzept bleibt bestehen, ihre Ausnahmen sind nun klarer definiert. Auf öffentlichen Druck hin fällt das „certificat d'hérbergement". Hohe Gefängnis- und Geldstrafen für die organisierte Beihilfe zu irregulärer Einreise oder irregulärem Aufenthalt werden eingeführt. Die grundsätzliche Vorgehensweise gegen neue irreguläre MigrantInnen und jene, die den Kriterien nicht entsprechen, wird aus der Politik von Debré[57] und Pasqua übernommen.
Nach 2002 werden unter Innenminister Nicolas Sarkozy[58] Asyl- und Einreisebestimmungen wieder beschränkt, die Bedeutung von *Illegalität* dehnt sich aus. Ab 2003 wird ein „Integrationsvertrag", der Französischkenntnisse und spezifisches Wissen zur Republik prüft, Voraussetzung für einen mehrjährigen Aufenthaltstitel. *Integration* wird von der öffentlichen Aufgabe, als die sie seit Einführung der „carte de résident" 1984 wahrgenommen wurde, zur privaten „Vorab"-Verpflichtung der einzelnen MigrantInnen. Im jüngsten Immigrationsgesetz von 2006, dem Code de l'Entrée et du Séjour des Etrangers et du Droit d'Asile (CESEDA) wird sie als „Insertion" („Eingliederung") auch Voraussetzung für temporäre Aufenthaltstitel. Die Anpassung an die französische Gesellschaft wird neben ökonomischen „Schlüsselqualifikationen" zum Kriterium, das über *Illegalität* entscheidet.
Schließlich wird das Kriterium selbst zum Kriterium: bei der Präsentation des CESEDA wird eine „gewählte Immigration" („immigration choisie") einer „immigration subie" gegenübergestellt. Als solch „erlittene, ertragene" Einwanderung werden dabei Asyl, Familiennachzug und irreguläre Migration definiert. Im

---

55 Michel Rocard (PS), Premierminister 1988-1991
56 Jean-Pierre Chevènement (PS), Innenminister 1997-2000
57 Jean-Louis Debré (RPR), Innenminister 1995-1997
58 Nicolas Sarkozy (UMP), Innenminister 2002-2004, 2005-2007

Gegensatz zu einem menschenrechtlichen Ansatz, demzufolge Asyl und Familiennachzug eine im internationalen Recht verankerte Verpflichtung Frankreichs wären, wird hier zum Ausdruck gebracht, dass die französische Gesellschaft sich ihre Mitglieder selbst aussuchen könne, dürfe und müsse.

8.2.3. Kontinuitäten der französischen Migrationsordnung

Mit der Forderung nach Selektion steht das Gesetz CESEDA in Kontinuität mit der französischen Migrationspolitik seit 1974. Was als neue politische Forderung präsentiert wird, ist aber schon lange deren Grundlage (Brun 2006:112f). Geändert haben sich die Referenzpunkte und Kriterien: der Arbeitsmarkt, der sichere Arbeitsmarkt, die Sicherheit, die nationale Sicherheit und schließlich die Gemeinschaft selbst. In der zweiten Phase der 1990er sind im „Loi Chevènement" damit auch noch jene Gemeinschaften gemeint, die MigrantInnen in familiären und anderen Beziehungen bilden. Zu jener Zeit können diese Gemeinschaften zu Regularisierung führen. Mit den jüngsten Veränderungen der Migrationsordnung wird darunter die vorhandene Gemeinschaft Frankreichs als Nation verstanden, der andere Formen nachgereiht werden. Wer den jeweiligen Kriterien nicht entspricht, bleibt oder wird „illegal" als Arbeitskraft, als öffentliches Wesen und schließlich als Privatperson.

Der zweite rote Faden in der französischen Migrationsordnung ist die Rhetorik, derzufolge die Präsenz der „illegalen" MigrantInnen die „gute Integration" und den Zusammenhalt der restlichen Gesellschaft behindere (Wihtol de Wenden 1999:11).[59] Irregulärer Einwanderung müsse daher entgegengewirkt werden. Auch die Phasen der Lockerung bestätigen jeweils diese Grundtendenz (Lochak 2002:215): Sie entschärfen die vorhandene Gesetzgebung teilweise nach familiären, „humanen" Kriterien, wiederholen aber *Illegalität* als etwas Entmenschlichtes.

Repression ist die dritte Kontinuität der französischen Migrationsordnung seit 1974 (Lochak 2002:215f). Im Namen der „maîtrise des flux migratoires", der Selektion und „guten Integration" werden MigrantInnen als „Illegale" und „clandestins" zunehmend kontrolliert, „angehalten", festgehalten und abgeschoben. Die Migrationspolitik schafft die gesetzliche Grundlage von *Illegalität*. Repression nimmt aber weniger über den demokratisch verhandelnden Weg Gestalt an, als durch die inhaltlichen Auslegungen der Exekutive, die „circulaires". In diesen „Runderlassen" werden Zahlen und Ziele der Migrationspolitik festgelegt und die „Handhabe" irregulärer MigrantInnen wird konkretisiert.

---

59 Auch Nicolas Sarkozy präsentiert den CESEDA unter der Parole „Une immigration choisie, une intégration réussie." [„Ausgewählte Einwanderung, erfolgreiche Integration"] (Le Figaro, 10.6.2005)

8.2.4. Politique Circulaire

Schon das Basisdokument der französischen Migrationspolitik ist eine „Ordonnance", also eine „Verordnung". Die wichtigen Änderungen der Migrationsbestimmungen werden seit 1974 zwar auf parlamentarischem Weg verabschiedet, Verordnungen spielen aber trotzdem eine wichtige Rolle. Mindestens einmal pro gesetzlicher Änderung der „Ordonnance" schickt das französische Innenministerium sogenannte „circulaires" („Runderlasse") an die Bezirksämter, die die Migrationsgesetze direkt umsetzen und anwenden. Theoretisch sollen die „circulaires" intern zusätzliche Erklärungen, Ausführungen und Empfehlungen enthalten. Praktisch kann der Minister/die Ministerin durch sie Bedingungen und Inhalte eines Gesetzes hinzufügen (Poelemans/Sèze 2000:312).

In der jüngsten Phase der Migrationsordnung gewinnt diese Form der Politik per Verordnung zunehmend Gewicht (Lochak 2002:215). In ihr werden mit Zahlen juristische und parlamentarische Entscheidungen vorweggenommen und wird die Polizei im Umgang mit MigrantInnen zur Hauptakteurin gemacht. Die „politique circulaire" steht also für eine Entdemokratisierung in der französischen Migrationspolitik.

· Politik der Zahl

Die Umsetzung der französischen Migrationsordnung stützt sich in ihrer jüngsten Phase seit 2002 wesentlich auf Zahlen. „Politique du chiffre" steht dabei für eine Quoten-Logik und für „Zahlen-Machen".

Die Quoten-Logik für Eintritte („flows") wurde ursprünglich für die Migration von Arbeitskraft eingeführt, dann aber mit Familiennachzug und Asyl auch auf Bereiche ausgedehnt, die bis dahin vor solcher Handhabe geschützt waren. Diese Vergabe von Aufenthaltsgenehmigungen nach Zahlen schließt großteils aus, dass jeder Fall nach seinen Inhalten bewertet und auf etwaigen Rechtsanspruch geprüft wird. Deutlich wird diese Entwicklung im französischen Asylwesen (Wihtol de Wenden 1999:86), von dem massive Widersprüche zwischen Rechtsinhalt und Rechtspraxis berichtet wurden.[60] Die Entscheidung über Asyl wird zum Prozess, dessen Ausgang (insgesamt) schon feststeht. Sie wird zur „machine à fabriquer des déboutés" (Geisser 2006:10)[61] und damit auch eine „Maschine" zur Produktion von irregulären MigrantInnen.

---

60 Catherine LeGall hat zwei Jahre für die Asyl-prüfende OFPRA gearbeitet und einen Artikel über die Bedingungen publiziert, unter denen Asyl-Entscheidungen getroffen werden: Überlastung der BeamtInnen bei durchschnittlich 2,2 Fällen pro Tag, mangelnde Information über die Herkunftsländer bei Länderprofilen von 10 Seiten, quantitative Vorgaben seitens des Innenministeriums: „Il faut faire du chiffre, sinon c'est la porte." [„Man muss Zahlen schreiben, sonst wird man gefeuert."] (Le Gall/Remy 2006). Zur französischen Asyl-Praxis siehe auch Delouvin 2006.
61 „Maschine zur Produktion von Abgewiesenen"

„Zahlen-Machen" bezieht sich auch darauf, die Zahl der in Frankreich anwesenden irregulären MigrantInnen („stocks") durch Abschiebungen zu reduzieren.[62] Dabei wird ein „Soll" festgelegt, wie viele Personen in einem bestimmten Zeitraum aus Frankreich „entfernt" werden sollen. 2005 wurden 19.841 Personen aus Frankreich ausgewiesen, was einer Steigerung um 26,7 Prozent im Vergleich zum Vorjahr entspricht. Für 2006 hatte Nicolas Sarkozy angekündigt, die Zahl der Abschiebungen um 5.000 auf insgesamt 25.000 zu erhöhen („Migration und Bevölkerung" 01/06). Allein bis Juli 2006 wurde mit 13.000 mehr als die Hälfte davon vollzogen (Murphy 2006).

In beiden Fällen bedeutet die „politique du chiffre" Entrechtlichung, die aber keine Repolitisierung mit sich bringt: Die Zahlen werden zwar in öffentlichen Auseinandersetzungen politisch verwendet, bei der Vergabe von Aufenthaltstiteln und der Durchführung von Abschiebungen stehen sie aber nicht für Auseinandersetzung offen, sondern beenden diese. Quoten und „Zahlen-Machen" schwächen daher rechtlichen Schutz, zugleich aber auch politischen Handlungsspielraum. Zahlen scheinen keinen Ursprung zu haben und legitimieren in dieser behaupteten Objektivität Willkür.

· Polizeilicher Konsens

Zahlen dienen in der französischen Migrationspolitik auch als Legitimation dafür, exekutive Kompetenzen auf Sicherheitskräfte zu konzentrieren. Dieser „consensus policien" (Terray 2006:93) äußert sich im Ausbau der Fremdenpolizei im Landesinneren,[63] in der Zunahme von Gesichtskontrollen an Knotenpunkten im öffentlichen Verkehr, von Razzien („rafles") in Foyers und Heimen und von Verhaftungen direkt an den Schaltern der Bezirksämter. Sie führt zu einer gestiegenen Zahl von irregulären MigrantInnen in nationalen „Anhaltezentren" („centres de rétention"). Die Standards der Schubhaft liegen dabei häufig weit unter jenen des sonstigen Strafvollzugs – Haftdauer und Haftbedingungen wurden als unverhältnismäßig kritisiert. Einen Spezialfall stellt die „doppelte Bestrafung" („double peine") dar: Durch sie verbüßt ein Migrant/eine Migrantin in Frankreich eine Freiheitsstrafe für eine kriminelle Handlung, wird dann aber im Anschluss aufgrund seines/ihres irregulären Aufenthaltsstatus abgeschoben.

---

62 Die „Entfernung" von französischem Territorium hat drei Formen:
· l'arrêté de reconduite à la frontière: administrative Sanktion bei irregulärem Aufenthalt;
· l'interdiction du territoire français (ITF) / interdiction définitive du territoire français (IDTF): Strafmaßnahme bei Verletzungen des Einreise- und Aufenthaltsrechts;
· l'arrêté ministériel ou préfectoral d'expulsion (AME/APE): administrative Sanktion bei „Bedrohung der öffentlichen Ordnung".

63 Die Personalkontingente der Fremdenpolizei werden aufgestockt: Aufstockung der Polizeiposten um 600 Personen (Libération 12.5.2005), Aufstockung der Police aux Frontières (PAF) um 300 Personen, Einführung einer neuen Spezialgruppe Brigades Mobiles de Recherche (BMR) (Le Figaro, 1.8.2005). Hingegen werden Polizeikräfte von anderen Bereichen (etwa der Nachbarschaftspolizei in Vororten) abgezogen.

Die Verhältnismäßigkeit zwischen Zweck und Ausmaß von Gewalteinsatz, die eine demokratische Grundfrage darstellt, geht im polizeilichen Konsens tendenziell verloren. Auch der Wirkungskreis der polizeilichen Handhabe weitet sich in der französischen Migrationsordnung tendenziell auf die Privatinitiativen und Privatbeziehungen von Personen aus. NGOs und Unterstützungsgruppen werden zu polizeilicher Kooperation angehalten. Internationale Ehen werden verdächtigt, als „Scheinehen" („mariages blancs"/„mariages de complaisances") Fremdenrecht zu hintergehen, vorab der *Illegalität* zugeordnet und verstärkt behördlich kontrolliert. Wirft man hingegen einen Blick in die französische Verfassungsgeschichte, waren gerade diese sozialen Beziehungen ein Indikator für politische Mitgliedschaft.

8.2.5. Citoyenneté Locale

Frankreich hat eine politische Ideengeschichte, die zwischen „nationalité" und „citoyenneté" unterscheidet. Nationalität leitet sich aus dem Geburtsort (durch ius soli) und der Herkunft (durch ius sanguinis) ab, *Staatsbürgerschaft* hingegen ist ein Prinzip mit universellem Anspruch, das in der „Déclaration des droits de l'homme et du citoyen" von 1789 begründet ist.

Nationalität heißt im französischen Kontext die juristische Verbindung zwischen einem Individuum und einem Staat, in dem es „Nationalangehörige/r" ist. Über die Regeln dieser Verbindung und die Definition seiner „Angehörigen" entscheidet jeder Staat souverän (Wihtol de Wenden 1999:95).

Citoyenneté bedeutet in einem ersten Sinn die Eigenschaft, sich durch aktives und passives Wahlrecht rechtlich in das Gemeinleben einbringen zu können (ebd.). Gleichzeitig kennzeichnen auch Elemente des „vivre ensemble" das französische Verständnis von *Staatsbürgerschaft* (ebd.:96) – also Elemente sozialer Praxis „von unten", wie sie deutlich in der Verfassung von 1793 zum Ausdruck kommen:

> „Tout homme né et domicilié en France, âgé de vingt et un ans accomplis, tout étranger âgé de vingt et un ans accomplis, qui est domicilié en France depuis une année, y vit de son travail, ou acquiert une propriété, ou épouse une française ou adopte un enfant, ou nourrit un vieillard; tout étranger enfin qui sera jugé par le corps législatif avoir bien mérité de l'humanité est admis à l'exercice de citoyen français." (zit. nach Bauböck 1994:32f)[64]

Fast 200 Jahre später wurde dieser praktische Charakter von *Citoyenneté* in den Debatten über Demokratisierung und das Verhältnis zwischen politischer Gemeinschaft und migrantischer Gesellschaft in Frankreich wieder aufgegriffen.

---

64 „Jeder Mann [sic!], der in Frankreich geboren und niedergelassen ist, das 21. Lebensjahr vollendet hat, und jeder Fremde, der das 21. Lebensjahr vollendet hat, der in Frankreich seit einem Jahr niedergelassen ist, dort von seiner Arbeit lebt oder ein Grundstück erworben hat oder eine Französin heiratet oder ein Kind adoptiert oder einen Greis ernährt; jeder Fremde schließlich, der vom Gesetzgeber befunden wird, sich der Humanität verdient gemacht zu haben, ist zugelassen, sich als französischer Bürger zu üben."

Zu Beginn der 1980er Jahre ist die politische Landschaft Frankreichs von neuen AkteurInnen geprägt: zum einen erstarkt die rechtsextreme Partei Front National und hat 1983 ihren ersten spektakulären Wahlsieg auf lokaler Ebene, zum anderen mobilisieren sich mit der Vereinsfreiheit für MigrantInnen im Jahr 1981 eine wachsende Zahl von Personen mit Migrationserfahrung oder -hintergrund (Wihtol de Wenden 1999:132).

Die Bewegung der sogenannten Beurs, junger Franko-Maghrebiner, verlangt nach dem Modell der US-Bürgerrechtsbewegung der 1960er-Jahre politische Beteiligung (Geisser 2003:33): Sie fordern lokales Wahlrecht und soziales Bleiberecht – und demonstrieren „de facto"-Integration als politische AkteurInnen. Ihr Ziel ist eine *Staatsbürgerschaft* der Niederlassung, die partizipatorisch wirksam wird und die in der alltäglichen *Integration* und Sozialisation verankert ist (Wihtol de Wenden 1994:90).

Auch aus anderer Richtung wird nach staatsbürgerlicher Praxis gerufen: Ab 1986 überlagern nationalistische und kulturalistische Deutungen ein politisches Verständnis von *Citoyenneté*. Die extreme Rechte stellt in Frage, dass in Frankreich geborene Kinder migrantischer Eltern bei Volljährigkeit automatisch eingebürgert werden. Die Rede ist von den „Français de papier", „Français malgré eux" und „Français sans le savoir et le vouloir" (Wihtol de Wenden 1999:99f).[65] Wie in der Mehrheit der EU-Staaten verdrängt schließlich in den 1990ern die nationalstaatliche Auslegung der Unionsbürgerschaft das Konzept einer „citoyenneté locale", die allen Niedergelassenen in Frankreich offen stünde.[66] Dennoch bedeuten diese Debatten der 1980er Jahre auch einen Referenzpunkt für migrantisches politisches Handeln im heutigen Frankreich – nicht nur weil in dieser Zeit die Anzahl ziviler Vereine anstieg, sondern generell im Sinn einer „passage au politique" (Wihtol de Wenden 2002).

8.2.6. Demokratisierung?

Die französische Geschichte ist geprägt von der Idee einer politischen Gemeinschaft, die gewillt ist, Gesellschaft zu gestalten – bis zu dem Punkt, wo der politische Ursprung vergessen und die soziale Wirklichkeit gewaltsam unterworfen wird. Die koloniale Vergangenheit der Nation im Umgang mit „l'Autre" schreibt sich im assimilatorischen Integrationsmodell fort. Das Festhalten an einer absoluten Souveränität der Nation drückt sich in einer Selektionspolitik aus, die internationale Migration vollkommen wissen, „wählen" und „meistern" will. Im Namen der „guten Integration" in die nationale Ordnung wird *Illegalität* konstruiert.

---

65 „Pass-FranzösInnen" „FranzösInnen gegen ihren Willen" „FranzösInnen ohne es zu wissen und ohne es zu wollen"
66 Eine nähere Darstellung der „citoyenneté locale" und ihrer Umsetzung in den EU-Staaten findet sich in Leveau u.a. 2003.

Die „Anpassung" der Gesellschaft vollzieht sich zunehmend per Verordnung: in einer Politik der Zahlen und einer Praxis der Polizei. Dabei gehen Transparenz und Verhältnismäßigkeit verloren bis hin zu der Art, wie staatlich in private Beziehungen eingegriffen wird. Die jüngste Phase der französischen Migrationsordnung ist also von einer aktiven Ausweitung der *Illegalität* durch die politische Gemeinschaft geprägt, und von der Entdemokratisierung dieser Gemeinschaft.

Frankreich steht aber auch für eine Geschichte der angeeigneten Demokratisierung, vor deren Hintergrund sich MigrantInnen mobilisierten und als politische Subjekte „von unten" aktivierten. Als neue AkteurInnen äußerten sie durch ihr Handeln „citizen identity" (Kastoryano 2002:107) – auf Basis einer inoffiziellen Mitgliedschaft. Die „citoyenneté locale" hat sich im politischen System nicht durchgesetzt, sie bietet aber eine Grundlage, die Forderung nach Demokratisierung durch MigrantInnen zu wiederholen und konträr zum nationalistisch verstandenen „Français de papier" nach einem „Citoyen Sans-Papiers" zu fragen. Sie öffnet eine Perspektive auf die Widersprüche in der europäisch-französischen Konstruktion von *Illegalität*.

9. Widersprüche der europäisch-französischen Illegalität

9.1. Rechtsstreit

Innerhalb der europäisch-französischen Migrationsordnung ergeben sich auf verschiedenen Ebenen Widersprüche. Diese beginnen mit der Stellung von MigrantInnen in unterschiedlichen Rechtstexten, und zwar schon in der „Allgemeinen Erklärung der Menschenrechte" der Vereinten Nationen; einem Dokument, das – wenn auch nicht rechtswirksam bindend – in allen EU-Mitgliedsstaaten festgeschrieben ist. Es gewährt in Artikel 13 Bewegungsfreiheit innerhalb eines Staatsgebietes, das Recht zu emigrieren sowie ein Rückkehrrecht in den eigenen Staat:

> „1. Jeder hat das Recht, sich innerhalb eines Staates frei zu bewegen und seinen Aufenthaltsort frei zu wählen.
> 2. Jeder hat das Recht, jedes Land, einschließlich seines eigenen, zu verlassen und in sein Land zurückzukehren." (Allgemeine Erklärung der Menschenrechte, Resolution der UN-Generalversammlung 217 A (III) vom 10.12.1948)

In Artikel 14 heißt es: „Jeder Mensch hat das Recht, in anderen Ländern vor Verfolgung Asyl zu suchen und zu genießen." (ebd.) Unabhängig von Verfolgung ist gegenüber diesem Recht auf Auswanderung aber kein Menschenrecht auf Einwanderung verankert.

In Form der „Internationalen Konvention zum Schutz der Rechte aller Wanderarbeitnehmer und ihrer Familienangehörigen" (Resolution der UN-Generalversammlung 45/158 vom 18.12.1990) wurde versucht, dieses Ungleichgewicht im internationalen Menschenrechtsschutz auszugleichen. So besagt Artikel 24, dass jede/r ArbeitsmigrantIn und dessen/deren Familienangehörige überall das Recht haben, als Rechtsperson anerkannt zu werden. Des Weiteren wird ArbeitsmigrantInnen der gleiche Zugang zu Sozialversicherung (Artikel 27) und Gesundheitsversorgung (Artikel 28) eingeräumt – Letzteres unabhängig vom rechtlichen Aufenthaltsstatus. Die internationale Konvention, die somit auch explizit auf die Rechte irregulärer MigrantInnen verweist, trat am 1.7.2003 in Kraft – unter den mittlerweile 28 ratifizierenden Staaten (Stand: Ende 2006) findet sich jedoch kein westliches Zielland.

Dem Menschenrecht auf Asyl wird, wie wir bereits gesehen haben, in der Ver- und Auslagerung von AsylwerberInnen auf europäischer Ebene nicht entsprochen und die an Zahlen orientierte Umsetzung und polizeiliche Handhabe von MigrantInnen stellt auch die Einhaltung anderer Menschenrechte stark in Frage. Im Fall irregulärer MigrantInnen ist dabei eine „Kettenargumentation" zu beobachten: Weil sie durch Einreise, Aufenthalt oder Niederlassung vorhandene Gesetze brechen, würden die Grundrechte für sie ihre Geltung verlieren (Bielefeldt 2006, Cholewinski 2005).

Ein Widerspruch ergibt sich auch aus der internen „Lastenteilung" zwischen Europäischer Union und ihren Mitgliedsstaaten. Erstere verankert innere Reisefreiheit in Europa, überlässt jedoch Letzteren die Definition, wer oder was Europa eigentlich sein soll und wer sich auf seinem Boden aufhalten darf – und das, ohne gemeinsame Mindeststandards für Arbeitsmigration, Asylentscheide, Familienzusammenführung und Niederlassung zu formulieren. Gegenüber der innereuropäischen Bewegungsfreiheit im Anschluss an national-administrative Entscheidungen fehlt es an Europäisierung und Politisierung der Immigrationsordnung (Garcia-Jourdan 2004). Ohne diese beiden Ebenen zu harmonisieren, bleibt die (Neu-)Verteilung politischer Souveränität unklar und das geht häufig zu Gunsten der Polizei. Es zeigt sich

> „[...] la tension entre protection des droits de l'homme et maintien de la souveraineté, notamment pour les Sans-papiers, car leur simple existence signifie l'érosion de la souveraineté en Europe au nom des principes qui la transcendent (droits des minorités, droit de vivre en famille, asile)." (Wihtol de Wenden 1999:25)[67]

Widersprüche ergeben sich auch im Verhältnis zwischen den öffentlich kommunizierten Policies und deren Implementierung auf lokaler Ebene und von privaten AkteurInnen (Van der Leun 2003:150, 156, 166 sowie Bade 2003:11, Brun 2006:118f, Engbersen 1999:220). Die Soziologin Joanne Van der Leun untersuchte für die Niederlande die Diskrepanzen in der Konstruktion von *Illegalität* und ihre sozialen Grenzen auf dem „street level". Dort fand sie Praxen, die weniger von der Definition der Migrationsgesetze abhingen als von Verhandlungen zwischen regulären und irregulären MigrantInnen mit VertreterInnen der Polizei und der lokalen Politik (Van der Leun 2003:168f). Handlungsspielräume und „loopholes" zeigen sich am Verhalten von LehrerInnen und ÄrztInnen im Kontakt mit irregulären MigrantInnen: „There is a growing tension between the technical and legal means designed to detect and exclude illegal immigrants and the willingness of local actors to comply with the rules." (Van der Leun 2003:172).[68] Die Widersprüche zwischen verschiedenen rechtlichen Ebenen bieten regulären und irregulären AkteurInnen eine Argumentationsbasis gegen die Konstruktion von *Illegalität*, jene zwischen Gesetzestext und „Lebenswelten" machen Handlungsspielräume sichtbar.

---

67 „[...] die Spannung zwischen der Wahrung der Menschenrechte und dem Erhalt der Souveränität, besonders für die Sans-Papiers, denn deren bloße Existenz bedeutet die Erosion der Souveränität in Europa im Namen der Prinzipien, die sie überschreiten (Minderheitenrechte, Recht auf Familienleben und Asyl)."
68 „Es gibt eine wachsende Spannung zwischen den technischen und rechtlichen Mitteln, die dazu angelegt sind, illegale EinwanderInnen aufzuspüren und auszuschließen, und der Gewillheit lokaler AkteurInnen, sich an die Regeln zu halten."

9.2. Lebenswelt

Die soziale Position von irregulären MigrantInnen in der Europäischen Union wird zur eigenen „condition sociale" (Fassin/Morice 2001:289). Diese wird häufig mit Isolation und Abhängigkeit beschrieben, die sich an Arbeitsverhältnissen, Einkommen, Unterkunft, Gesundheitsversorgung, Bildungszugang, psychischer Verfassung und Identität äußert (Münz u.a. 2001). Für Frankreich wurden die sozialen Implikationen von Irregularität an folgenden Punkten festgemacht (zusammengestellt aus AutorInnenkollektiv 2000, Cimade 2006b, Fassin/Morice 2001 und ergänzt um Inhalte eigener Gespräche mit Sans-Papiers in Paris):

- Einkommen: niedriger Lohn, Unsicherheit der Auszahlung und generell des Beschäftigungsverhältnisses;
- Unterkunft: hohe Mieten, schlechte und gefährliche Wohnbedingungen;[69]
- Bildung: Unsicherheit der Einschulung und der Ausbildungskontinuität von Kindern;
- Gesundheit: allgemein schlechte Gesundheitsversorgung von MigrantInnen;[70] andauernde Stress-Situationen; psychosomatische Beschwerden;
- Psychische Verfassung: Instabilität, sozialer Leistungsdruck gegenüber der Familie, das Gefühl von „honte" (Scham, Schande) und verlorene Selbstachtung; keine Besuchsmöglichkeit im Herkunftsland; unterschiedliche Aufenthaltstitel innerhalb der Kernfamilie; Identitätsverlust angefangen bei der Sorge, Lücken im Lebenslauf zu erklären, bis zum Gebären unter falschem Namen; Angst vor Abschiebung.

Die Wahrnehmung der sozialen Position von irregulären MigrantInnen ist höchst selektiv. Wie ambivalent die Grenze ist, die durch die Illegalisierungs-Politik gezogen wird, zeigt sich im Alltag des/der Einzelnen aus nächster Nähe:

> „She/he is at the same time familiar and close, because she/he is usually employed in the domestic services or the building industry, and unfamiliar and distant, because she/he has come from far-away countries less well known than the traditional sending states." (Wenden 1998:91)[71]

---

69 Die unsicheren Wohnverhältnisse wurden in den Bränden von MigrantInnen-Unterkünften in Paris im Sommer 2005 deutlich (Le Monde 17./18.4.2005).
70 Ein Beispiel für das allgemein höhere Gesundheitsrisiko von MigrantInnen ist Tuberkulose: In Frankreich ist das Tuberkulose-Risiko seit 1997 für FranzösInnen pro Jahr um sechs Prozent gesunken, für die ausländische Bevölkerung aber um acht Prozent gestiegen. Die Neuerkrankungen im Jahr 2003 betrafen zu 43,9 Prozent MigrantInnen, obwohl diese nur sechs Prozent der Gesamtbevölkerung darstellen (Le Monde, 4.5.2005). Die Krankenversorgung („Couverture maladie universelle") ist in Frankreich prinzipiell jedem/r zugänglich, seit 1999 ist sie jedoch an einen regulären Aufenthalt gebunden. Die „Aide Médicale de l'Etat" (AME) ermöglicht auch irregulären MigrantInnen freie Krankenhausbehandlung für ein Jahr, nach drei Jahren Aufenthalt sind weitere Behandlungen inkludiert, etwa der Besuch von allgemein-praktischen ÄrztInnen (Cholewinski 2005:50).
71 „Sie/er ist zur selben Zeit vertraut und nah, weil sie/er gewöhnlich im häuslichen Dienstleistungsbereich oder im Baugewerbe angestellt ist, und unvertraut und fern, weil sie/er von weit

In diesem Widerspruch zeigt sich eine Tendenz, irreguläre MigrantInnen in eine „Unterwelt" zu exotisieren (Engbersen 1999:228), wo das Zusammenleben und konkrete funktionale Beziehungen unsichtbar werden. Gleichzeitig sind aber auch die sozialen Beziehungen von und zwischen irregulären MigrantInnen ambivalent:

> „Einerseits erfordert der ungesicherte rechtliche Status einen gewissen Grad von Separation, andererseits wird das Überleben nur durch Einbindung in wie immer geartete soziale Gruppen oder Netzwerke gewährleistet." (Eichenhofer 1999:15)

Eine Position, die zugleich Isolation und Solidarität produziert (Jordan 1999, Jordan/Düvell 2002:148).

9.2.1. Administration und Kriminalität

In Frankreich ist die Handhabe von Aufenthaltsnachweisen in manchen privaten Bereichen nach wie vor pragmatisch und daher auch ohne Papiere oder zumindest ohne offizielle Papiere zugänglich – Gas/Strom- oder Telefonrechnung reichen häufig aus, müssen dafür um Einkommensnachweise ergänzt werden. Der Freiheit vom „Meldezettel" auf lokaler Ebene und im privatwirtschaftlichen Bereich stehen aber die bereits beschriebenen Tendenzen gegenüber, administrative und polizeiliche Kontrolle im Alltag und im öffentlichen Raum auszuweiten. Nachdem Irregularität per Gesetzestext zur Bedrohung öffentlicher Sicherheit deklariert wurde, verstärkt sich die Unsicherheit als Teil der Lebenswelt eingewanderter Personen. Konträr zum Täterdiskurs und der Marginalisierungsthese, wonach Personen mit irregulärem Aufenthalt mit einer höheren Wahrscheinlichkeit zu kriminellen Handlungen neigen, gehen viele Arbeiten eher von einer abschreckenden Wirkung der fehlenden Papiere aus: Gerade irreguläre MigrantInnen unterlassen es aus Angst vor Kontrollen und drohender Abschiebung, Vorschriften zu übertreten und Aufmerksamkeit auf sich zu ziehen, manchmal vermeiden sie es, den öffentlichen Raum überhaupt zu betreten (Albrecht 2006:67f). Aus fehlendem Rechtsschutz für Arbeits- und Familienverhältnisse und gegen kriminelle Verletzungen bedeute Irregularität daher eher ein Viktimisierungsrisiko (ebd.:76).

9.2.2. Arbeit und Nutzen

Ein Hauptwiderspruch der europäisch-französischen Konstruktion von *Illegalität* und zugleich ein Hauptfaktor der von Unsicherheit geprägten Lebenswelt irregulärer MigrantInnen sind ihre Arbeitsverhältnisse. Weniger weil sich irregulärer Aufenthalt automatisch in irreguläre Arbeitsverhältnisse übersetzen würde, sondern vor allem weil Arbeitsregelungen, Arbeitsvereinbarungen und Arbeitsschutz – auch dort, wo sie theoretisch vorhanden sind – praktisch nicht eingeklagt werden können.

---

entfernten Ländern kommt, die weniger gut bekannt sind als die traditionellen Auswanderungsländer."

Meistens sind irreguläre MigrantInnen im „3d-Sektor" beschäftigt, was für „dirty, dangerous, difficult" steht. Das bedeutet mangelnde Sicherheit bis lebensgefährdende Risiken am Arbeitsplatz, mangelnde sozialrechtliche Absicherung bei Krankheit oder Unfall und mangelnder arbeitsrechtlicher Schutz, wenn Arbeitszeiten überzogen oder Löhne nicht bezahlt werden. Die Illegalisierung irregulärer MigrantInnen durch das Fremdenrecht entspricht dabei einer wirtschaftlichen Nachfrage in Europa:

> „Illegal immigrants are partly the product of a selective affinity (>chemical marriage<) between the economic demand of employers and the political-juridical rejection of national and local states. These contradictory forces define an economic and social space for undocumented immigrants and contribute to new forms of urban marginality in this era of globalization and migration." (Engbersen 1999:231)[72]

Im „Wirtschaftsraum Europa"[73] besteht Bedarf an irregulären MigrantInnen als Arbeitskräften. In manchen Sektoren haben sie laut dem französischen Anthropologen und Philosophen Emmanuel Terray sogar „strategische Bedeutung" (Terray 1999:12), weshalb er von „délocalisation sur place" spricht. Darunter versteht er die Auslagerung von Produktion oder Dienstleistung in eine Zone, in der die Bedingungen der Arbeitskraft (bezüglich Lohn, Sozialabgaben, Arbeitsdauer und -schutz) von UnternehmerInnen als profitabler wahrgenommen werden. Da mit der *Illegalität* eine solche Zone vor Ort zu finden ist, erübrigen sich die hohen Transportkosten, die sonst dafür zu zahlen wären (ebd.:13ff). Diese „Auslagerung vor Ort" betrifft in der Privatwirtschaft vor allem die Sektoren Hotellerie-Restauration, Baugewerbe, Konfektion und Landwirtschaft[74] – findet aber auch bei öffentlich beauftragten Projekten wie bei der Errichtung von Autobahnen oder bei städtischen Umgestaltungen in größerem Rahmen statt.

> „In some ways, irregular migration might be seen as a form of ‚safety valve', allowing the tensions and pressures created by this non-congruence to be eased – a ‚crime without victims'." (Jordan/Düvell 2002:34)[75]

In den meisten EU-Staaten liegt der Schwerpunkt auf der Kontrolle und Sanktionierung der ArbeitnehmerInnen, während gegenüber den Unternehmen, die irreguläre MigrantInnen anstellen, weitgehend Toleranz herrscht (Terray 1999). In

---

72 „Illegale EinwanderInnen sind zum Teil das Produkt einer selektiven Affinität (>chemischen Verbindung<) zwischen der wirtschaftlichen Nachfrage von ArbeitgeberInnen und der politisch-juristischen Zurückweisung von nationalen und lokalen Staaten. Diese widersprüchlichen Kräfte definieren einen ökonomischen und sozialen Raum für irreguläre EinwanderInnen und tragen in dieser Ära der Globalisierung und Migration zu neuen Formen städtischer Marginalität bei."
73 Für weitere wirtschaftliche Perspektiven auf das „Phänomen" irregulärer Migration siehe Bribosia/Rea 2002, Fassin/Morice 2001, Harris 1995/2002, Sassen 1999, Terray 1999.
74 Zu den Arbeitsbedingungen irregulärer MigrantInnen in der europäischen Landwirtschaft siehe Europäisches Bürgerforum/CEDRI 2004.
75 „In gewisser Weise könnte irreguläre Migration als eine Art ‚Sicherheitsventil' gesehen werden, das erlaubt die Spannungen und den Druck, der durch diese Nicht-Übereinstimmung geschaffen wird, zu lindern – ein ‚Verbrechen ohne Opfer'."

diesem Sinn wiederholt sich für irreguläre MigrantInnen unter inoffiziell und entdemokratisiert verschärften Bedingungen, was schon für „GastarbeiterInnen" in Deutschland gesagt wurde: Sie sind „wanted, but not welcome". Der deutsche Soziologe Michael Bommes folgert,

> „[...] dass es sich bei illegaler Migration um ein ‚produktives gesellschaftliches Problem' handelt, das eine Reihe von strukturellen Auswirkungen auf die verschiedenen Bereiche der Gesellschaft hat und zahlreiche Lösungen hervorbringt, die zur Reproduktion des Problems beitragen." (Bommes 2006:100)

Auch der Profit und private Nutzen, der durch irreguläre MigrantInnen in Europa für Privatpersonen entsteht – etwa durch niedrige Preise für KonsumentInnen – wird vergleichsweise wenig öffentlich thematisiert (Cholewinski 2005:20). Die Arbeitsbedingungen von irregulären MigrantInnen vor Ort sind üblicherweise nicht Bestandteil von „Fair Trade"-Kampagnen. Im individuellen und familiären Bereich, wo irreguläre MigrantInnen private Haus- und Pflegearbeit leisten, wird nicht nur ein Widerspruch zwischen der Konstruktion von *Illegalität* und ökonomischer Einbindung deutlich, sondern auch die selektive Wahrnehmung von Nähe und Distanz.

9.3. Gemeinschaftliche Illegalisierung

Illegalität ist eine Beziehungskonstruktion. Sie dient dem EU-Staat Frankreich dazu, die Mitgliedschaft und die Geltung von Demokratie zwischen „der Gesellschaft" und *ihren* irregulären MigrantInnen zu begrenzen. Sie markiert jenen Punkt, wo über Demokratie nicht demokratisch entschieden werden könne, ihre inhärenten Ausschlüsse institutionalisiert werden und ihr streitbarer Charakter verloren geht.

Auch Frankreich als ausgerufene Republik der „Freiheit, Gleichheit, Brüderlichkeit" und die Europäische Union als proklamierter „Raum der Freiheit, der Sicherheit und des Rechts" sind nur demokratische Ordnungen. Sie sind nicht nur beschränkt, die soziale Vielfalt im „Zeitalter der Migration" im politischen System zu repräsentieren, sondern sie wirken mit ihren Migrationsordnungen auf diese „proaktiv" beschränkend.

Migration soll als polizeiliches Sicherheitsthema per Verordnung gemeistert werden. Dafür verlagert die europäisch-französische Migrationspolitik Verantwortung und Kompetenzen und entfernt sich von ihren eigenen demokratischen Prinzipien. Je mehr Repression aber dazu nötig ist, sich „innen" von irregulären MigrantInnen zu trennen, desto mehr gerät die demokratische Ordnung selbst in eine Grauzone – das ist das Paradoxon der *Illegalität*.

Mit dem gestiegenen Gewalteinsatz und -aufwand wird jedoch auch sichtbar, dass irreguläre MigrantInnen nicht in einem Niemandsland leben, sondern mitten in der regulären Gesellschaft (sonst wäre ein solcher „Aufwand" nicht nötig) – das ist die Performativität der *Illegalität*.

Die Konstruktion von „legal hier" und „illegal dort" wird widersprüchlich und es zeigt sich, dass sie in Frankreich als Teil der EU bestimmte Funktionen erfüllt: Als billige Arbeitskräfte sind irreguläre MigrantInnen ein entscheidender „Standortfaktor" in einigen Wirtschaftssektoren in Europa und im privaten Haus- und Pflegebereich bedeuten sie die Sicherung sozialen Zusammenhalts. Irreguläre MigrantInnen werden selektiv (nicht) wahrgenommen, sind aber eben gerade nicht „total" isoliert – dafür sind sie in Europa viel zu wichtig. Im demokratischen Outside bewegen sie sich auch untereinander zwischen Separation, *Integration* und Solidarität. Auch das ist Ausdruck eines relationalen Verständnisses von Politik und *Illegalität*: Allein kann man nicht „illegal" werden. Und in den seltensten Fällen ist man es allein.

In diesem Feld von widersprüchlichen Konstruktionen und sozialen Positionierungen ergibt sich Handlungsfähigkeit. Denn wie Judith Butler und Jacques Rancière theoretisch herausarbeiten, ist gerade dort Repolitisierung möglich, wo Auseinandersetzung als Konflikt und Bindung sichtbar wird. Dann kann ein demokratischer Diskurs nach Chantal Mouffe und Ernesto Laclau neu verhandelt werden und dann erhält „Aneignung" praktische Umsetzungsmöglichkeiten. Wie vollzieht sich also vor diesem Hintergrund in der Republik der „Freiheit, Gleichheit, Brüderlichkeit" im „Raum der Freiheit, der Gleichheit und des Rechts" diskursive Agency irregulärer MigrantInnen? Warum werden „illegale" Objekte zu politischen Subjekten und was bedeuten die Parolen der Sans-Papiers?

TEIL III

10. Die Entdeckung undokumentierter AkteurInnen

10.1. Die Saga der Sans-Papiers

Spätestens mit der polizeilichen Räumung der besetzten Kirche von Saint-Bernard in Paris 1996 richtet sich die öffentliche Aufmerksamkeit auf eine bis zu diesem Zeitpunkt weitgehend undokumentierte soziale Gruppe: irreguläre MigrantInnen in Frankreich, die Sans-Papiers. 2006 – wenige Tage nach Erinnerungsaktionen an Saint-Bernard – wird in Cachan ein mehrstöckiges Gebäude geräumt, der größte Squat irregulärer MigrantInnen im Land. Wiederum kommt es zu massivem Gewalteinsatz der Polizei.

Während dieser zehn Jahre, in denen die europäisch-französische Migrationspolitik von Entdemokratisierung, expandierender Grenze und Selektion bestimmt ist und *Illegalität* zur Bedrohung der politischen Gemeinschaft gemacht wurde – während eben dieser zehn Jahre werden irreguläre MigrantInnen in Frankreich erstmals breitenwirksam als selbst-artikulierte Subjekte wahrgenommen und machen sie sich selbst zu politischen AkteurInnen.

Debatten um Personen ohne regulären Aufenthaltsstatus hatte es in Frankreich punktuell schon seit 1972 gegeben.[76] Die Besetzungen von Saint-Ambroise und Saint-Bernard bedeuteten aber einen Wendepunkt im Grad der (medialen) Aufmerksamkeit, der Unterstützung und des phasenweise breitenwirksamen Protests (Marin 2006:121, Siméant 1998:209). Sie gelten als Ausgangspunkt für die folgenden zehn Jahre Mobilisierung von Sans-Papiers.

In dieser Zeit war die Mobilisierung der Sans-Papiers in Bezug auf Einzelpersonen, aber auch auf die Kollektive nicht immer kohärent. Auch die erzielte Unterstützung der französischen Wahlbevölkerung und erreichten Erfolge im politischen System fielen sehr unterschiedlich aus. In den Jahren 1996 bis 1999 gründeten sich etwas mehr als 45 Kollektive auf lokaler, regionaler und nationaler Ebene, heute bestehen nur noch rund zwanzig (E-Mail zpajol 11.6.2006). Organisatorisch gilt die Bewegung vor allem im Raum Paris als zersplittert.

Dennoch sind Sans-Papiers und ihre Forderungen seit 1996 in der französischen Gesellschaft kontinuierlich präsent. Die Position der *Illegalität* hätten sie aus dem Negativen in einen Status, in ein kollektives Bewusstsein transformieren können. So habe sich eine Protestbewegung mit ihren eigenen Methoden, Figuren und auch mit eigener Erinnerung ihre „,saga' des Sans-papiers" schreiben können (Wihtol de Wenden 2001:67). Sans-Papiers stehen demnach für die politische Aktivität einer Erfahrungsgemeinschaft, die auf Niederlassung aufbaut und durch lokale Partizipation ausgeübt wird. So wurden sie auch in eine Kontinuität mit der

---

76 Bereits in den 1970er-Jahren zeitgleich mit der Schließung der Grenzen für Arbeitsmigration traten irreguläre MigrantInnen in Hungerstreik (Siméant 1998:240).

französischen Demokratiebewegung gesetzt: „Des ‚sans-culottes' aux ‚Sans-papiers', en somme..." (ebd.:68)[77] Als Demokratisierung per Anpassung „von oben" allein wird diese Entwicklung aber nicht verständlich. Dagegen wurde sie als „citoyenneté en creux, par anticipation" zusammengefasst (ebd.).[78] Dieser antizipierten *Citoyenneté* soll im Folgenden nachgegangen werden, wenn es heißt angesichts der „Saga des Sans-Papiers" deren diskursive Agency zu untersuchen.

10.2. Handlungsfähig oder autonom?

Die Frage nach Handlungsfähigkeit zieht sich wie ein roter Faden durch die vorhandene Literatur zu Sans-Papiers. Meistens wird sie dabei als Frage der Autonomie verstanden. Vier Diskussionsstränge können dabei unterschieden werden: sie untersuchen Autonomie gegenüber der eigenen Herkunft, gegenüber dem französischen Nationalstaat, gegenüber den Medien und gegenüber den Unterstützungsgruppen:

- Der Ausgangspunkt des Collectif de Saint-Bernard war eine Orientierung auf Frankreich unabhängig der Herkunftsländer der Mitglieder. Bald wurden aber Schwierigkeiten festgestellt, der Diversität der MigrantInnen Rechnung zu tragen – etwa den Unterschieden zwischen jenen Personen aus den ehemaligen französischen Kolonien in Afrika und solchen aus für Frankreich neuen Herkunftsländern wie China oder Pakistan. Zehn Jahre nach Saint-Bernard bestehe nun eine Tendenz zu „ethnischen" Kollektiven (Terray 2006:100).
- Zweitens wurde die Ausrichtung von Sans-Papiers auf den französischen Nationalstaat und seine Institutionen untersucht. Diese äußere sich in der universellen und laizistischen Form des Protests („droit d'avoir des droits", „citoyenneté de résidence").[79] Zugleich veramtliche sich in einem „mode de gestion jacobin"[80] die Mobilisierung (Wihtol de Wenden 1999:133). Die Verwaltung sei Hauptadressatin der Forderungen geworden und der Rechtsstreit inhaltlich die Hauptdomäne der Auseinandersetzung. Dem Ruf nach einer generellen Regularisierung „pour tous les Sans-papiers", die nur von der französischen Zentralregierung durchgeführt werden könne, stehe ein schwerpunktmäßig lokales Engagement gegenüber, das auf die Regularisierung der „eigenen Leute" abziele. Bis dato sei es nicht gelungen, eine Balance zwischen lokaler und nationaler Mobilisierung zu finden (Terray 2006:100). Außerdem würden die Forderung nach Regularisierung generell und die sich wandelnden Begründungen von Sans-Papiers (Asyl, Familienleben, „gute Integration") das Bild der nationalen „Aufnahmegesellschaft" bestätigen (AutorInnenkollektiv 2000:51, Siméant 1998:128).

---

77 „Kurz, von den Sansculotten zu den Sans-Papiers..."
78 „eine Art der Staatsbürgerschaft im Leeren, durch Antizipation"
79 „das Recht, Rechte zu haben", „Staatsbürgerschaft der Niederlassung"
80 „eine Art jakobinische Verwaltung"

- Drittens seien die Sans-Papiers Teil der Medienroutine geworden (Terray 2006:101). Das Mehr an Information habe sich aber nicht in einen Meinungswechsel übersetzt:

    „Tout se passe comme si les Sans-papiers, tenant la justesse de leur cause pour évidente, avaient renoncé à en convaincre le reste de la population et se bornaient désormais à rappeler périodiquement leur existence à l'attention de celle-ci." (Terray 2006:101)[81]

- Viertens hätten sie oft gegenüber Unterstützungsgruppen an Handlungsspielraum verloren. In deren zum Teil humanitären Argumenten verliere der Kampf der Sans-Papiers politische Bedeutung und sie selbst würden viktimisiert (Brun 2006:104f). Dagegen wurde aber auch davon gesprochen, dass sich Unterstützungsgruppen und Sans-Papiers reziprok instrumentalisieren würden (Siméant 1998:265). Und eine dritte Position meint, dass die Sans-Papiers im Laufe der vergangenen Jahre ihre „décision en dernière instance" („Entscheidung in letzter Instanz") behauptet hätten und sich als autonome soziale Bewegung mit weitem Netzwerk durchsetzen konnten (Terray 2006:93).

Wie diese vier Diskussionsstränge zeigen, hat die rechtliche Sonderstellung von Sans-Papiers in Frankreich das Interesse auf ihre Autonomie als politische AkteurInnen gelenkt. Autonomie ist dabei aber kein unproblematisches Konzept von Handlungsfähigkeit, wenn sie als Ideal totaler Unabhängigkeit über „Authentizität" von AkteurInnen entscheiden soll. In diesem Fall ist sie Ausdruck einer essenzialistischen Konstruktion politischen Handelns und führt zum Widerspruch, sobald gleichzeitig nach der Wirkung auf ein politisches System gefragt werden soll.

Wie die Konzepte performativer Artikulation nach Butler und Rancière folgen ließen, ergibt sich Handlungsfähigkeit gerade dadurch, weil ein Subjekt und sein System unweigerlich verbunden sind. Agency beginnt in Bezug auf eine demokratische Ordnung nach Laclau und Mouffe erst indem eine Perspektive auf individuelle *und* egalitäre Geltung angeeignet wird. Ich versuche daher, die Agency von Sans-Papiers nicht über die Frage nach Autonomie zu verstehen, sondern durch jene diskursiven „Kraftschläge" (Rancière 2002:71), die nie alleine möglich sind, weil sie zumindest ein Gegenüber brauchen; es soll gezeigt werden, wie sich Sans-Papiers zu politischen AkteurInnen machen konnten, obwohl sich zeitgleich das demokratische Outside der *Illegalität* ausdehnte.

---

81 „Alles geschieht so als würden die Sans-Papiers die Richtigkeit ihrer Sache für selbstverständlich nehmen, als hätten sie deshalb aufgegeben, den Rest der Bevölkerung davon zu überzeugen und als würden sie sich von nun an darauf beschränken, jener regelmäßig ihre Existenz in Erinnerung zu rufen."

11. Paradoxe Szenen: Agency irregulärer MigrantInnen

Wie produzieren sich „paradoxe Szenen" wie beispielsweise jene, die in der Einleitung zu dieser Arbeit geschildert wurde? Dass neben dem demokratischen Monument der Bastille irreguläre MigrantInnen per Megaphon ihre Rechte einfordern, Abschiebungen und exekutive Gewalt anklagen, während Polizisten sich unterhaltend danebenstehen und die Straße gesperrt halten?
Im Folgenden möchte ich Praxen von fünf Sans-Papiers-Kollektiven in Paris hinsichtlich ihrer diskursiven Agency in der europäisch-französischen Migrationsordnung untersuchen – ich stütze mich dabei neben den beiden Berichten der Saint-Bernard-AktivistInnen Madjiguène Cissé (1999) und Ababacar Diop (1997) auf Gespräche mit mobilisierten (ehemaligen) Sans-Papiers des 9ème Collectif de Sans Papiers, der Kollektive des 19. und 20. Bezirks in Paris, des Collectif de Montreuil pour les Droits de Sans Papiers und von der CSSP association Solidarité Sans-Papiers 93 (von nun an abgekürzt als 9ème, 19e, 20e, Montreuil, St-Denis) und auf meine eigenen Beobachtungen bei einigen ihrer Versammlungen und Aktionen.[82] Ich werde das Spektrum ihrer kollektiven Handlungen danach unterscheiden, wie sie mit Bezug auf den französischen Demokratiediskurs die Bedeutung von „Freiheit", „Gleichheit" und „Gemeinschaftlichkeit" aktualisieren.

11.1. Autorisierung: Der Name Sans-Papiers

11.1.1. Aus dem Schatten treten

Im März 1996 besetzen irreguläre MigrantInnen innerhalb weniger Tage zuerst die Kirche von Saint-Ambroise und dann das Gymnase Japy im 11. Bezirk von Paris. Sie fordern einen legalen Aufenthaltsstatus in Frankreich und das Recht zu bleiben. Die Polizei räumt beide Gebäude und bringt die protestierenden Sans-Papiers am 24. März ins Centre de Rétention von Vincennes (einem östlichen Vorort von Paris). Einige Frauen und Kinder werden noch am selben Tag wieder entlassen und versammeln sich vor dem Rathaus des 11. Bezirks – erstmals im öffentlichen Raum.
Zu diesem Zeitpunkt ändert sich nach Diop die eigene Wortwahl – aus dem „clandestin" werden die „Sans-Papiers" (Diop 1997:95). Die rechtliche Zuschreibung und Verortung im irregulären Outside wird im Sinn von „être ses papiers" („seine/ihre Papiere sein") als Identitätszuschreibung aufgenommen. Die Bewertung und Disqualifikation als „illegal", „kriminell", „entmenschlicht" wird zurückgewiesen und mit anderen migrantischen Bildern ersetzt:

---

[82] Eine Liste der Interviews und der Versammlungen, an denen ich teilgenommen habe, befindet sich im Anhang.

„Une autre image se dessinait, celle de l'étranger capable de prendre son destin en main, de s'insérer dans une société moderne, de s'imposer en tant qu'interlocuteur responsable, de s'adapter aux exigences du monde moderne." (Cissé 1999:79)[83]

Die Illegalisierung wird durch den Gang an die Öffentlichkeit als „entreprise de camouflage, une façon de se voiler les yeux" (Diop 1997:114f)[84] zurückgewiesen – man wolle als irreguläre/r MigrantIn „aus dem Schatten treten" („sortir de l'ombre") (ebd.:91), wie es heißt. Diese eigene Position und Darstellung immer wieder in der französischen Öffentlichkeit zu artikulieren, wird die Ausgangshandlung für die Proteste der Sans-Papiers und ihre „Eroberung der französischen BürgerInnen" („la conquête des citoyens français") (ebd.:151f).

Wenn Sans-Papiers ihre Parole „Je suis, je reste, je ne partirai pas!" (Château Rouge 30.7.06) skandieren, dann wird zugleich die zugeschriebene Situation des prekären Aufenthalts in Frankreich aufgenommen „Ich bin (hier)...", aber in der eigenen Deutung an ein Bleiben gekoppelt „... ich bleibe (hier) und werde (hier) nicht weggehen!" Durch das Aussprechen, die Artikulation wird die Subjektposition verändert und die eigene Situation nicht nur sich selbst zugeschrieben, sondern in Beziehung zu ihrem Umfeld gesetzt und nach außen gebracht:

> „Et puis c'est comme... on a un peu plus de liberté, on peut manifester, extérioriser toutes ces craintes, ces peurs. Et je vois de gens dans les manifs qui crient, qui extériorisent cette peur, extériorisent cette injustice par le fait de manifester, de revendiquer leur droit. Je pense que c'est important." (Bahija 31.7.06)[85]

Die GesprächspartnerInnen nehmen die Möglichkeit, selbst zu agieren, als absolute Notwendigkeit wahr – gerade wegen der schwierigen Lebensbedingungen dürfe man nicht auf Fürsprache durch andere warten:

> „Je pense que c'est vrai en France il y a des contraintes, qu'il y a des conditions difficiles. Et justement il faut les gens à agir pour sortir de ces conditions difficiles. Prendre la parole. Les gens concernés doivent prendre la parole. Parce que leur parole elle a plus des impacts que s'il y a quelqu'un qui parle à leur place." (Bahija 31.7.06)[86]

---

83 „Ein anderes Bild zeichnete sich ab: MigrantInnen, die dazu fähig sind, ihr Schicksal in die eigenen Hände zu nehmen, sich in eine moderne Gesellschaft einzugliedern, sich als für sich selbst verantwortliche GesprächspartnerInnen zu etablieren und sich den Anforderungen der modernen Welt zu stellen." (Cissé 2002: 75)
84 „Ein Tarnmanöver, eine Art, sich die Augen zu verschleiern."
85 „Und das ist wie ... man hat ein wenig mehr Freiheit, man kann demonstrieren, all diese Furcht, diese Ängste äußern. Und während der Demos sehe ich Leute, die schreien, die diese Angst äußern, diese Ungerechtigkeit äußern durch die Tatsache zu demonstrieren, ihr Recht zu fordern. Ich denke, dass das wichtig ist."
86 „Ich denke es stimmt, dass es in Frankreich Zwänge gibt, dass hier schwierige Bedingungen herrschen. Und gerade deshalb müssen die Leute handeln, um aus diesen schwierigen Bedingungen herauszukommen. Das Wort ergreifen. Die betroffenen Leute müssen das Wort ergreifen. Weil ihr Wort hat mehr Wirkung, als wenn jemand an ihrer Stelle sprechen würde."

In dieser „Äußerung" zeigt man sich und anderen die Möglichkeit des eigenen Handelns: „Un étranger est capable de gérer et mener une lutte pour lui-même. On n'a pas besoin que les autres gèrent ou luttent pour nous." (Ali 27.7.06)[87] Da irreguläre MigrantInnen sonst nicht repräsentiert sind, wird es nach Ansicht einiger Interviewten für sie sogar zur Pflicht, sich selbst zu vertreten. Die Fremdwahrnehmung durch die Selbstdarstellung zu verändern, wird zur aufklärerischen Mission:

> „Combien de Sans-papiers sont voleurs et bandits? C'est ce qui tout le monde a dans la tête quoi. Donc en tant que t'es Sans-papiers maintenant tu montres à la population, que t'es pas un bandit. T'es un humain t'es comme les Français. Mais il y a beaucoup de Français qui comprennent pas ça. Alors, c'est à nous de faire passer le message aux Français." (Kébé 28.7.06)[88]

> „Ça manque la volonté que les gens tenaient en face en disant: C'est notre devoir pour acquérir nos droits sociaux, ça manque. Aujourd'hui la mobilisation ça va ensemble avec l'information des gens. Nous on ne fait pas seulement la mobilisation, mais on est en train d'informer tous les gens qui sont derrière nous. Même si on est Sans-papiers c'est possible d'informer les gens. Même si on est Sans-papiers. C'est ça qui est important." (Diabé 28.7.06)[89]

Die „Aneignung" der Kommunikation darüber, wer man ist, wie man lebt, warum und durch welche gesetzliche und politische Situation, ist verknüpft mit einer diskursiven „Aneignung" von Rechten. Die Argumentation für diesen Rechtsanspruch irregulärer MigrantInnen bezieht sich dabei auf *Integration* und *Staatsbürgerschaft* (ENSBA 15.3.06).

11.1.2. De Facto-Integration

In ihren Aktionen und im Zuge von Gesprächen betonen Sans-Papiers häufig ihre „de facto"-Integration in Frankreich. Die eigene zeitliche Perspektive scheint dabei wichtig zu sein. Die GesprächspartnerInnen verstehen sich als Niedergelassene – viele sind schon mehrere Jahre in Frankreich und selbst wenn sie sich „erst" wenige Jahre in Frankreich aufhalten, sehen sie ihre Zukunft im Land, auch trotz der damit verbundenen irregulären Lebensbedingungen. „On n'est pas comme des touristes, qui passent quelques jours et qui se disent ‚bon, c'est bon'.

---

87 „Ein Ausländer/eine Ausländerin ist fähig, einen Kampf für sich selbst zu führen und zu leiten. Wir brauchen nicht, dass die anderen uns leiten oder für uns kämpfen."
88 „Wie viele Sans-Papiers sind Diebe und Banditen? Das ist es, was alle Leute im Kopf haben. Also, als Sans-Papiers zeigst du jetzt der Bevölkerung, dass du kein Bandit bist. Du bist ein Mensch, du bist wie die Franzosen und Französinnen. Aber es gibt viele Franzosen und Französinnen, die das nicht verstehen. Also ist es an uns, die Botschaft zu verbreiten."
89 „Es fehlt der Wille, dass die Leute die Stirn bieten würden indem sie sagen: Es ist unsere Pflicht, unsere sozialen Rechte zu erlangen, das fehlt. Heute spielt die Mobilisierung mit der Information der Leute zusammen. Wir mobilisieren nicht nur, sondern wir sind dabei alle Leute zu informieren, die hinter uns sind. Selbst wenn man Sans-Papiers ist, ist es möglich Leute zu informieren. Selbst wenn man Sans-Papiers ist. Das ist es, was wichtig ist."

On a le stress, l'angoisse." (Reda 30.7.06)[90] Die politische Forderung, dass eine „Integrationsleistung" eine verpflichtende Voraussetzung für einen Aufenthaltstitel sei, wird von einigen Sans-Papiers übernommen. Sie leiten davon ihren eigenen Anspruch auf Regularisierung ab und manchmal auch ein System, demzufolge je nach Grad der persönlichen *Integration* regularisiert werden sollte (Adama 29.7.06). Die *Citoyenneté* wird nicht als „droit froid", sondern als etwas Lebendiges verstanden, das über die ökonomischen, sozialen und kulturellen Beziehungen wahrgenommen wird – also als solche gedeutet und als solche ausgeübt:

> „Les Sans-Papiers conforment... ils payent des loyers, ils payent des impôts, ils achètent leurs besoins, ils payent des cotisations, ils travaillent. Tout ça... ils font partie de la communauté de la France. Et si quelqu'un fait partie de la communauté de la France il est citoyen à part entière. La citoyenneté c'est pas dans le droit froid. La citoyenneté c'est dans la vie quotidienne de la société et les Sans-papiers ils sont dans la vie quotidienne de la société – s'ils veulent ou veulent pas. Vaut mieux de reconnaître et d'accepter les Sans-papiers en tant que citoyens dans la vie quotidienne que de les rejeter du côté administratif dans les droits froids." (Ali 27.7.06)[91]

> „Mais la vrai base de l'intégration ça soit verbale ou écrite de la langue française. C'est savoir parler à la population, de savoir côtoyer la population et savoir entrer dans la vie quotidienne de la population." (Ali 27.7.06)[92]

Doch ohne Form von Anerkennung und ohne Titel, so wird betont, ist diese „de facto"-Integration tagtäglich dem Risiko ausgesetzt, gekappt zu werden:

> „On peut avoir un boulot, on arrête pas d'être Sans-papiers. On peut avoir un logement, on arrête pas d'être Sans-papiers. On risque de le perdre parce qu'un jour on peut se faire chopper dans la rue. Nous on sort d'une réunion, d'un rassemblement ou du travail mais on ne sait pas si on va retourner le soir. On va se faire arrêter et expulser. Donc on a perdu pas seulement le travail, on a perdu le logement, on a perdu tout ce qu'on a. Et on a perdu notre vie sociale, la relation qu'on avait déjà avec des différentes personnes, des amis, des potes. On va tout perdre parce qu'ils vont nous expulser. C'est pour ça qu'il faut se mobiliser, il faut se regrouper et créer un rapport de force et dénoncer tout ce système-là." (Diabé 28.7.06)[93]

---

90 „Wir warten nicht geduldig wie TouristInnen, die ein paar Tage verbringen und sich sagen ‚Gut, ist gut.' Wir haben Stress und Angst."
91 „Die Sans-Papiers sind angepasst ... sie zahlen Mieten, sie zahlen Steuern, sie kaufen ihren täglichen Bedarf, sie zahlen Beiträge, sie arbeiten. All das ... Sie gehören der Gemeinschaft Frankreichs an. Und wenn jemand der Gemeinschaft Frankreichs angehört, ist er/sie ganze/r StaatsbürgerIn. Die Citoyenneté besteht nicht im toten Recht. Die Citoyenneté besteht im täglichen Leben der Gesellschaft und die Sans-Papiers sind im täglichen Leben der Gesellschaft – ob sie wollen oder nicht. Es ist besser, die Sans-Papiers als StaatsbürgerInnen im täglichen Leben anzuerkennen und zu akzeptieren, als sie von Seiten der Verwaltung ins tote Recht abzuschieben."
92 „Aber die wahre Basis der Integration, sei es verbal oder geschrieben, ist die französische Sprache. Das ist, mit der Bevölkerung sprechen zu können, mit der Bevölkerung verkehren zu können und in das tägliche Leben der Bevölkerung hineinkommen zu können."
93 „Man kann eine Arbeit haben, aber man hört nicht auf Sans-Papiers zu sein. Man kann eine Wohnung haben, aber man hört nicht auf Sans-Papiers zu sein. Man riskiert es zu verlieren, weil eines Tages kann man auf der Straße verhaftet werden. Wir, wir kommen von einem Treffen, von einer Versammlung oder von der Arbeit, aber man weiß nicht, ob man am Abend zurückkommen

11.1.3. Eigene Papiere

Sans-Papiers begründen ihre Gebundenheit an Frankreich in Form einer „citoyenneté sans papiers" (Cissé 1999:81) neben der „de facto"-Integration auch mit ihrem politischen Engagement selbst. Durch „die Eroberung der französischen StaatsbürgerInnen" (Diop 1997:151f) seien sie selbst welche geworden. Die „de facto"-Integration jeder/s Einzelnen in die französische Gesellschaft sei durch die kollektiven politischen Aktionen und durch die Mobilisierung verstärkt worden. Als Sans-Papiers hätten irreguläre MigrantInnen Verbindungen mit den FranzösInnen, den EinwohnerInnen Frankreichs geknüpft (Cissé 1999:82). Anstelle einer privaten, nicht wahrgenommenen *Integration* der Einzelperson, äußere sich hier öffentlich die Mitgliedschaft einer Gruppe:

> „Les Sans-Papiers ont imposé par leur organisation une citoyenneté. Ça chante sur l'espace public. Quand on fait une action souvent souvent les médias arrivent. Ils ont un droit de s'exprimer sur l'espace public, de critiquer ces lois sur l'espace public. Je pense qu'ils ont acquis une citoyenneté par la force de choses. Ils arrivent à imposer leur présence sur l'espace public. [...] On essaye de les condamner à la clandestinité, de les condamner à la peur, de les cacher par toutes ces restrictions, les raffles dans les quartiers, les discours racistes, xénophobes et tout ça. Malgré ça ils constituent plus ou moins une force politique et ils arrivent à agir pour l'espace public." (Bahija 31.7.06)[94]

Darin bestand auch für Cissé seit die Mobilisierung im Jahr 1996 begonnen hatte ihre *Citoyenneté*:

> „La citoyenneté, au fond, est-elle plus que le contenu de cette relation entre les personnes partageant un espace, et se préoccupant les uns du confort des autres dans le tissu social? Cette sympathie que nous avons su gagner, cette considération, les papiers seuls ne pouvaient pas nous les accorder." (Cissé 1999:83)[95]

---

wird. Man wird angehalten und abgeschoben werden. Aber man hat nicht nur die Arbeit verloren, man hat die Wohnung verloren, man hat alles verloren, was man hat. Und wir haben unser Sozialleben verloren, die Beziehung, die man mit verschiedenen Personen schon hatte, FreundInnen, Kumpel. Man wird alles verlieren, weil sie uns abschieben werden. Darum muss man sich mobilisieren, man muss sich zusammenschließen und ein Kräfteverhältnis herstellen und dieses ganze System anprangern."

94 „Die Sans-Papiers haben durch ihre Organisation eine Citoyenneté durchgesetzt. Das spielt eine Rolle im öffentlichen Raum. Wenn wir eine Aktion machen, kommen häufig die Medien. Sie haben ein Recht, sich im öffentlichen Raum auszudrücken und diese Gesetze im öffentlichen Raum zu kritisieren. Ich glaube, sie haben durch die Kraft der Dinge eine Citoyenneté erlangt. Es gelingt ihnen, ihre Präsenz im öffentlichen Raum durchzusetzen. [...] Man versucht, sie zur Illegalität zu verurteilen, sie zur Angst zu verurteilen, sie durch alle diese Einschränkungen zu verstecken, durch die Razzien in den Vierteln, die rassistischen, fremdenfeindlichen Reden und all das. Trotzdem bilden sie mehr oder weniger eine politische Kraft und es gelingt ihnen im öffentlichen Raum zu handeln."

95 „Was ist denn Bürgerschaft im Grund mehr als der Inhalt dieser Beziehung zwischen Menschen, die denselben Raum teilen und sich um das Wohlergehen des jeweils anderen im sozialen Gefüge kümmern? Die Sympathie, die wir gewonnen hatten, die Achtung – Papiere allein hätten sie uns nicht geben können." (Cissé 2002:78)

Diese *Citoyenneté*, die sich nicht über Papiere ausdrückt, hat zwischen Saint-Bernard und Cachan ihr eigenes Dokument bekommen. Denn die Kollektive der Sans-Papiers stellen ihren Mitgliedern mittlerweile eigene Ausweise aus, die die Zugehörigkeit einer namentlich genannten Person zu einem bestimmten Kollektiv bezeugen und zusätzlich Kontakt- und Notfalltelefonnummern enthalten. Die Papiere der Sans-Papiers stehen in all ihrer Ambivalenz symbolisch für die Mobilisierung irregulärer MigrantInnen in Frankreich und für ihre heutige gesellschaftliche Position als politische AkteurInnen. In der Kommunikation nach außen funktionieren sie als Symbol einer Mitgliedschaft nicht nur in einem bestimmten Kollektiv, sondern auch der eingeforderten Mitgliedschaft in Frankreich.

Die *Staatsbürgerschaft*, die die interviewten Sans-Papiers für sich in Anspruch nehmen ist nicht vage – weder transnational noch europäisch, weder „von unten" noch lokal – sondern konkret die französische *Citoyenneté*: „À travers notre détermination, je dirais même notre obstination à rester visibles et à exprimer nos doléances, à nous adresser à la France, nous avons acquis notre citoyenneté." (Cissé 1999:82)[96] Oder mit einem Mitglied des 19ᵉ collectif etwas provokanter ausgedrückt: „Nous appartenons plus à la France que M. Sarkozy." (La Générale 28.7.06).[97] Wie schreibt sich also die zehnjährige „saga" der Sans-Papiers (Wihtol de Wenden 2001:67) in eine andere, über zweihundert Jahre dauernde Erzählung ein, nämlich in die der französischen Republik?

11.1.4. Republik und Menschenrechte

Am 31.5.2005 sagte der französische Innenminister Nicolas Sarkozy bei einer Versammlung von BezirksvorsteherInnen, man müsse dem Druck von diesem oder jenem Kollektiv standhalten, das niemanden anderen repräsentiere als sich selbst. Dagegen artikulieren sich Sans-Papiers und sagen, dass sie als irreguläre MigrantInnen einen Teil Frankreichs repräsentieren und daher rechtliche Verbesserungen fordern. Sie knüpfen an den französischen Diskurs von der Republik als Heimat von Demokratie und Menschenrechten an.

Diop beschreibt, dass die Idee „Frankreich" von den Anfängen 1996 an unter den irregulären MigrantInnen verschiedener Herkunftsländer und „Ethnien" das versammelnde und verbindende Element war (Diop 1997:89). Symbole des französischen Staates wurden auch zu Symbolen der Sans-Papiers gemacht, zum Beispiel wenn am Nationalfeiertag am 14. Juli ein „Bal des Sans-papiers" gefeiert wurde (ebd.:155). Der nationale Feiertag und andere Codes wurden Teil eines „combat symbolique" (Reda 30.7.06).

Die im französischen politischen System standardisierten und im öffentlichen Raum omnipräsenten Verweise auf Demokratie, Menschenrechte und „Freiheit,

---

[96] „Durch unsere Entschlossenheit, ja, ich würde sagen Hartnäckigkeit, sichtbar zu bleiben und uns öffentlich mit unseren Beschwerden an Frankreich zu wenden, haben wir unsere Bürgerschaft gewonnen." (Cissé 2002:78)
[97] „Wir gehören mehr zu Frankreich als Herr Sarkozy."

Gleichheit, Brüderlichkeit" sind fester Bezugspunkt in der Argumentation der Sans-Papiers. Durch die kollektiven Aktionen und die Einzelgespräche zieht sich ein sehr starkes Bewusstsein für Rechte und Grundrechte, wie sie in der französischen Verfassung verankert sind. Diese dienen als Referenzpunkt für die eigene rechtliche Situation und Lebenswelt auf dem selben republikanischen Territorium und als Grundlage für die Selbst-Legitimation.

> „Le problème c'est que dans plusieurs domaines la loi n'est pas appliquée. C'est la population française qui a voté la constitution. Mais attend, il y a des articles dans la constitution qui ne sont pas appliqués, tu vois. Comme on est tous des humains, mais c'est pas ce qu'on voit. Nous de Sans-papiers on n'est pas traité comme des humains. Il faut les appliquer, quoi. Si ce n'est pas appliqué il faut les effacer. C'est tout. Nous sommes tous des humains, sinon on est tous des animaux." (Kébé 28.7.06)[98]

> „Et le 26 août 1789 il y avait la Déclaration des droits de l'homme. Et aujourd'hui les étrangers est-ce qu'ils ne font pas partie des êtres humains sur terre? Ou est-ce qu'ils n'ont pas acquis des droits sociaux? On est aussi des humains. Mais quand on voit la façon dont les Sans-papiers et les étrangers sont traités dans ce pays, enfin en Europe ... donc ça veut dire qu'on n'a pas les droits en fait. Nous on a rien." (Diabé 28.7.06)[99]

Zum einen werden die „französischen Werte" in der Aktualität der europäisch-französischen Migrationspolitik als Floskeln wahrgenommen, zum anderen werden die selben Worte als Instrument verwendet, um Missverhältnisse anzuklagen. Wiederum wird darauf verwiesen, dass das Sprechen über die Situation der irregulären MigrantInnen der Anfang politischer Veränderung sei:

> „L'humanité pour eux, c'est des formalités, c'est de paroles en air. De bons discours. [...] Si vous êtes dans l'Europe il faut dès maintenant commencer à parler de la liberté, de l'humanisme." (Kébé 28.7.06)[100]

Im Verhältnis zu europäischen und internationalen Rechtstexten wird die französische Rechtspraxis als widersprüchlich beschrieben, denn wenn das Gleichheitsprinzip gelten würde, müssten alle regularisiert werden (Adama 29.7.06). Der

---

98 „Das Problem ist, dass das Gesetz in verschiedenen Bereichen nicht angewendet wird. Es ist die französische Bevölkerung, die die Verfassung gewählt hat. Aber warte mal, es gibt Artikel in der Verfassung, die nicht angewendet werden, verstehst du. Wie, dass wir alle Menschen sind, aber das ist nicht das, was man sieht. Wir, die Sans-Papiers, wir werden nicht wie Menschen behandelt. Man muss sie anwenden. Wenn das nicht angewendet wird, muss man sie streichen. Das ist alles. Wir sind alle Menschen, sonst sind wir alle Tiere."
99 „Und am 26. August 1789 gab es die Erklärung der Menschenrechte. Und die AusländerInnen heute, gehören die nicht zu den Menschen auf der Erde? Haben sie keine sozialen Rechte erlangt? Wir sind auch Menschen. Aber wenn man die Art sieht, wie die Sans-Papiers und die AusländerInnen in diesem Land, in Europa behandelt werden ... aber das heißt, wir haben in Wirklichkeit keine Rechte. Wir, wir haben nichts."
100 „Die Menschlichkeit, für sie sind das Formalitäten, das sind Ansagen in die Luft. Schöne Reden. [...] Wenn ihr in Europa seid, müsst ihr jetzt beginnen über Freiheit zu sprechen, über Humanismus."

argumentative Einsatz der Grundrechte endet jedoch dort, wo die Lebenswelt des/der Einzelnen von dem Eindruck geprägt ist, dass auch unabhängig von einem offiziellen Aufenthaltsstatus und anerkannter Mitgliedschaft die eigene Outside-Position bestehen bleibt. Dass rassistische Zuschreibungen als „das Andere" auch nicht mit gültigen Aufenthaltspapieren automatisch enden.

> „Je ne crois pas à ces valeurs la solidarité, fraternité, liberté. Aujourd'hui la France en générale ... cette fraternité est-ce que ça existe réellement? Cette liberté est-ce que ... [...] Il n'y a pas d'égalité, c'est affreux. S'il y avait d'égalité, tout le monde devrait être égaux. [...] Mais est-ce que tout le monde a le droit d'être en France? Donc l'égalité, non. Maintenant l'égalité entre les Français, quelqu'un qui a la nationalité ... Même encore. Tous les gens avec la nationalité ne sont pas les mêmes. Au boulot: ça se voit. Quand j'appelle, le fait que ma voix rassemble à une voix d'un noir... ils me disent que la maison est déjà occupée. Et même si je parle exactement comme un Français ... dès qu'ils voient que je suis ‚black' on dit le boulot est pris et la maison ... Le mot égalité n'est pas appliqué." (Adama 29.7.06)[101]

Die GesprächspartnerInnen aus den Pariser Kollektiven unterstreichen die Gültigkeit republikanischer Normen für sich selbst und fordern deren Umsetzung ein – sonst müsse man sie streichen, wie Kébé sagt.

---

101 „Ich glaube nicht an diese Werte Solidarität, Brüderlichkeit, Freiheit. Heute in Frankreich generell ... existiert diese Brüderlichkeit wirklich? Ist diese Freiheit ... [...] Es gibt keine Gleichheit, das ist schrecklich. [...] Aber haben alle Leute das Recht, in Frankreich zu sein? Also Gleichheit, nein. Nun zur Gleichheit unter Franzosen, jemandem, der die Nationalität hat ... Nochmal das gleiche. Nicht alle Leute mit der Nationalität sind gleich. In der Arbeit sieht man das. Wenn ich anrufe, sagen sie mir schon aufgrund der Tatsache, dass meine Stimme der Stimme eines Schwarzen ähnelt, das Haus sei schon vergeben. Und selbst wenn ich exakt wie ein Franzose spreche ... sobald sie sehen, dass ich ‚black' bin, sagt man mir, dass der Job und das Haus vergeben seien ... Das Wort Gleichheit wird nicht angewendet."

11.1.5. Demonstriertes Rechtsbewusstsein

Dokumente und Diskurse wirken, auch für Sans-Papiers. Die GesprächspartnerInnen betonen immer wieder die Rechtschaffenheit der eigenen Person und der Aktionen des Kollektivs. „Nous sommes attachés, nous sommes pas dangereux!"[102] lautet eine weitere Parole im Demonstrations-Repertoire. Rechtlichkeit zu artikulieren ist einerseits eine Antwort auf die Kriminalisierung im Täterdiskurs, der sie sich als „Illegale" ausgesetzt sehen. Zum anderen wird Recht auch als persönlicher Schutz wahrgenommen, der politische Artikulation – auch aus der irregulären Situation heraus – ermöglicht.

> „C'est un droit, quoi. La manifestation c'est un droit dans la constitution française. Si tu n'es pas d'accord avec telle loi tu vas dans la rue et tu manifestes. T'as pas violé la loi. Ils vont pas t'arrêter. Même si t'es arrêté dans ces conditions t'as pas fait une bagarre dans la manif, t'as rien fait. T'as juste manifesté, t'as le droit de protester." (Kébé 28.7.06)[103]

Viele nehmen die Konfrontation mit Polizeikräften, die ja im Alltag vorsorglichst vermieden wird, als bedrohlich wahr. Gerade der offizielle Charakter einer Demonstration funktioniert jedoch als Schutzargument, das Angst nimmt – wohlgemerkt bezieht sich das aber eben auf die, die letztendlich demonstrieren gehen und nicht auf jene, die es nicht tun. Eine Frau des 9ème Collectif erzählt zum Beispiel, ihre Freundin habe Angst gehabt zur Demonstration zu kommen. Sie habe ihr aber geantwortet, dass die doch autorisiert sei (Château Rouge 30.7.06).

> „Beaucoup de gens qui ont peur qui on déjà dit une, deux, plusieurs fois, quoi. Mais ce que, le message qu'on fait passer à tout le monde c'est que les manifestations, les rassemblements ... on a demandé une autorisation, quoi. On n'a pas raison d'avoir peur. L'autorisation était demandée au niveau de la préfecture. Donc, il n'y a pas de problème, quoi. La police nous a autorisé à faire la manifestation. C'est pas la peine d'avoir peur." (Kébé 28.7.06)[104]

Da aber vor und nach der Demonstration für den Einzelnen/die Einzelne wirklich höheres Risiko bestehe, kontrolliert zu werden, müsse man laut Kébé auch vorher und nachher im Kollektiv auftreten.

---

102 „Wir sind verbunden, wir sind nicht gefährlich!"
103 „Das ist ein Recht. Die Demonstration, das ist ein Recht in der französischen Verfassung. Wenn du mit einem solchen Gesetz nicht einverstanden bist, gehst du auf die Straße und demonstrierst. Du hast nicht das Gesetz gebrochen. Sie werden dich nicht festnehmen. Selbst wenn du unter diesen Bedingungen festgenommen wirst, hast du mit einer Demo keinen Krawall gemacht, du hast nichts gemacht. Du hast nur demonstriert. Du hast das Recht zu protestieren."
104 „Viele Leute, die Angst haben, haben das schon ein-, zwei-, mehrmals gesagt. Aber das, was wir, die Botschaft, die wir allen Leuten zukommen lassen, ist, dass die Demonstrationen, die Versammlungen ... Wir haben eine Genehmigung eingeholt. Man hat keinen Grund Angst zu haben. Die Genehmigung wurde beim Bezirksamt eingeholt. Also, es gibt kein Problem. Die Polizei hat uns genehmigt, die Demonstration zu veranstalten. Es ist nicht der Mühe wert, Angst zu haben."

11.1.6. Der eigene Beitrag

Neben den Grundrechten, die als Legitimation für das eigene Handeln herangezogen werden, spielt auch die Wahrnehmung des eigenen Beitrags in und für Frankreich eine wichtige Rolle in den Gesprächen – etwa indem man Mehrwertsteuer zahle. Es wird argumentiert, dass der Staat durch eine Regularisierung viel mehr gewinnen könnte, weil Sans-Papiers so auch andere Steuern zahlen müssten und das auch täten. So könne man etwas für Frankreich und für einen selbst tun (Adama 29.7.06). Aus der Legitimation durch Rechtsbewusstsein und Leistung wird eine allgemeine Bedingung. In der Bestimmtheit, diese Leistung selbst zu erfüllen, wird sie auch von anderen eingefordert: „Moi je régulariserais tout le monde et après les meilleurs. Naturellement si t'es régularisé et tu fais des bêtises tu rentres chez toi." (Adama 29.7.06)[105] Aus dem persönlichen Kontext der GesprächspartnerInnen wird der Leistungsdruck deutlich, unter dem viele EinwanderInnen stehen – sowohl in Bezug auf das Herkunftsland als auch auf den Staat der Niederlassung. Ein Interviewpartner sieht es etwa im Vergleich zu seinen Brüdern in Côte d'Ivoire, die Soldaten sind, als „seinen Krieg", sich in Europa durchzuschlagen (Adama 29.7.06). Mehrmals wird die Bereitschaft betont, in Frankreich mehr zu leisten als man selbst an Leistungen in Anspruch nimmt:

> „C'est dommage. Comme il y a une partie de population qui n'a pas les droits d'être ici. Alors qu'il y a de gens de bonne volonté, des gens bien, des gens cultivés intelligents, de gens qui ont envie de donner beaucoup plus à un pays qu'ils ont pris." (Adama 29.7.06)[106]

> „C'est ça vivre en communauté, c'est ramener plus que donner, que prendre." (Reda 30.7.06)[107]

Ein Bauarbeiter erzählt von der Bedeutung von Sans-Papiers bei der Errichtung von öffentlichen Krankenhäusern und Schulen als zentralen Institutionen der Republik (Bouygues 20.7.06). Fast schon symbolisch steht sein Verweis auf die Anstellung von Sans-Papiers in privatisierten Sicherheitsdiensten, die in den hinteren Reihen auch für die Sicherheit von Staatspräsident Jacques Chirac (UMP) bei dessen Parade am 14. Juli 2006 mitverantwortlich gewesen seien. Die Rede vom Beitrag für die Republik und von der Funktionalität „Illegaler" als MitherhalterInnen der europäisch-französischen demokratischen Ordnung wird hier auf den Punkt gebracht.

---

[105] „Ich würde alle regularisieren und dann die Besten. Wenn du regularisiert wurdest und Dummheiten machst, geht es zurück nach Hause."
[106] „Es ist schade. Weil es einen Teil der Bevölkerung gibt, der kein Recht hat, hier zu sein. Obwohl hier Leute mit sehr gutem Willen sind, gute Leute, kultivierte und intelligente Leute, Leute, die Lust haben, einem Land viel mehr zu geben als sie genommen haben."
[107] „Das ist es, Leben in der Gemeinschaft: das heißt mehr einzubringen als zu nehmen."

11.1.7. (Post-)Kolonialismus und verschuldete Nation

Konträr zum eigenen Beitrag, den man für Frankreich zu leisten bereit ist, sprechen Sans-Papiers in den Interviews von Schuld und Schulden der französischen Nation. Die GesprächspartnerInnen aus dem Maghreb und dem übrigen frankophonen Afrika rufen die koloniale Vergangenheit und die heutigen postkolonialen Beziehungen Frankreichs in Erinnerung (La Générale 28.7.06). „Ici les gens ils ne voient pas les causes de l'émigration et ils s'attaquent à l'immigration. Quand on s'attaque à l'immigration il faut aller voir les causes." (Adama 29.7.06)[108] Über die Unrechtserfahrung und -geschichte im Herkunftsland legitimieren sich die MigrantInnen hier und heute in Frankreich. Besonders betont werden die Handelspolitik, die Ausbeutung von Rohstoffen und die Schuldenökonomie gegenüber afrikanischen Staaten (Diabé 28.7.06, Kébé 28.7.06). Im Rekurrieren auf den französischen Kolonialismus wird die Verantwortung der Nation zum Ausdruck gebracht und somit die Verbindung zwischen Nation und Kolonialismus wiederhergestellt, die in der V. Republik zu trennen versucht wurde.

„Il n'y pas de dette. On va faire le calcul historique: dans l'histoire on va calculer, aggraver l'esclavage, la colonisation, la mondialisation et aussi la libération de la France. On va faire calcul: qui doit à qui?" (Diabé 28.7.06)[109]

Die eigenen „Vorfahren" werden dabei nicht ausschließlich als Kolonisierte oder Ausgebeutete gesehen, sondern auch als Befreier Frankreichs im Zweiten Weltkrieg. In den postkolonialen Schulen, die die Interviewten besuchten, wurde auf Französisch ein Frankreich-Bild republikanischer Ideale vermittelt (Ali 27.7.06). Nun fordern die, die diese Ideale lernen mussten, sie in den Gesprächen für sich ein.

„Moi je suis plus intégré que les Français, parce que moi je comprends la constitution française et moi je viens de l'Afrique et si les Français s'ils ne sont pas capables d'appliquer cette constitution puis moi je suis plus français qu'eux, quoi." (Kébé 28.7.06)[110]

Es wird als widersprüchlich dargestellt, dass die französische Nation, die zuerst expandierte und kolonisierte, sich nun gegen außen und nach innen abgrenzen will. Angesichts ihrer kolonialen Vergangenheit wird die nationale Exklusivität in Frage gestellt.

---

108 „Die Leute hier sehen die Ursachen der Auswanderung nicht, aber schießen sich auf die Einwanderung ein. Wenn man sich auf die Einwanderung einschießt, muss man sich die Ursachen anschauen gehen."
109 „Es gibt keine Schulden. Machen wir eine historische Rechnung: berechnen, erhöhen wir in der Geschichte die Sklaverei, die Kolonisierung, die Globalisierung und auch die Befreiung Frankreichs. Machen wir eine Abrechnung: wer schuldet wem?"
110 „Ich, ich bin integrierter als die Franzosen und Französinnen, weil ich verstehe die französische Verfassung und ich komme aus Afrika und wenn die Franzosen und Französinnen, wenn sie nicht in der Lage sind, die Verfassung anzuwenden, dann bin ich mehr Franzose als sie."

"Pourquoi ils ont pris les Africains pour défendre la France? Si c'était pour agir comme ils font maintenant en 2006, c'était pas la peine, quoi. C'est une hypocrisie. Quand on a besoin de gens on les appelle, quoi, et après quand on va mieux on s'en fout. Sur le territoire français. Mais si c'est pas le cas, c'est pas la peine de mettre l'égalité, la liberté et la fraternité, quoi. C'est ce que ça veut dire le bleu-blanc-rouge ce qu'on nous a appris. Mais au fond du cœur c'est pas ça. [...] C'est le minimum, quoi: l'application des droits qui étaient clairs et nets. Tout le monde était d'accord là-dessus, quoi. Donc il faut les appliquer c'est tout. Mais si le gouvernement et la population ils sont d'accord, c'est bon, c'est tout. C'est sont des Français ils sont sur le terrain. Mais tout le monde est français. Pourquoi on traite pas une seule nationalité pour toute la population?" (Kébé 28.7.06)[111]

11.1.8. Teil der Protestgesellschaft

Eine andere autorisierende Praxis zum Akteur/zur Akteurin ohne Papiere in der französischen Gesellschaft ist, spezifische Artikulationsmuster aufzunehmen, die sich in die Geschichte und Gegenwart der französischen Protestbewegungen einschreiben. Diese anderen Protestbewegungen liefern ein Handlungsspektrum und eine Sprache, welche sich die Sans-Papiers in ihren Aktionen aneignen und mit eigenen neuen Formen kombinieren:

"C'est vraiment un apprentissage en fait. Moi je pense que les immigrés dans l'histoire ... par rapport à la première génération d'immigration maghrébine, espagnole. Il faut pas qu'on fasse trop de bruit. Beaucoup étaient colonisés par la colonisation française. Il faut pas faire trop de bruit, pas trop revendiquer, pas manifester. Par rapport aux gens immigrés en général et les Sans-papiers, c'est vraiment un risque important ... C'est pas une habitude. C'est vraiment un engagement politique important." (Noria 31.7.06)[112]

Durch politische Artikulation und Auseinandersetzung wird die Bewegung ein Teil der Protestgesellschaft, zu dem es Stellung zu beziehen gilt: „On est pour ou contre, mais on se prononce." (Cissé 1999:182)[113]

---

111 „Warum haben sie den Afrikanern beigebracht, Frankreich zu verteidigen? Wenn das war, um so zu handeln wie jetzt 2006, dann war es die Mühe nicht wert. Das ist eine Scheinheiligkeit. Wenn man einen Bedarf an Leuten hat, ruft man sie und dann, wenn es einem besser geht, pfeift man darauf. Auf französischem Boden. Aber wenn es nicht der Fall ist, ist es nicht die Mühe wert, Gleichheit, Freiheit, Brüderlichkeit zu schreiben. Das ist es, was Bleu-Blanc-Rouge heißt, was man uns beigebracht hat. Aber im Grunde ist es das nicht. [...] Das ist das Minimum: die Anwendung von Rechten, die klar und deutlich waren. Alle waren damit einverstanden. Also muss man sie anwenden, das ist alles. Aber wenn die Regierung und die Bevölkerung übereinstimmen, dann ist es gut, das ist alles. Das sind Franzosen, sie sind an Ort und Stelle. Aber jeder ist Franzose. Warum behandelt man nicht die ganze Bevölkerung wie eine einzige Nationalität?"
112 „In der Tat ist das wirklich ein Lernprozess. Ich glaube, dass die MigrantInnen in der Geschichte ... in Bezug auf die erste Generation maghrebinischer und spanischer Einwanderung. Man darf nicht zu viel Lärm machen. Viele waren kolonisiert durch den französischen Kolonialismus. Man darf nicht zu viel Lärm machen, nicht zu viel fordern, nicht demonstrieren. In Bezug auf eingewanderte Menschen generell und auf die Sans-Papiers ist es wirklich ein erhebliches Risiko ... Das ist keine Gewohnheit. Das ist wirklich ein bedeutendes politisches Engagement."
113 „Man ist dafür oder dagegen, aber man kommt nicht um sie herum." (Cissé 2002:173)

Die Mobilisierung der Sans-Papiers knüpft dabei an die frühere Mobilisierung von MigrantInnen an, wie die Demonstrationen im Algerien-Konflikt und die sogenannte Beurs-Bewegung sowie an die ArbeiterInnen-Proteste 1968 und den „Herbst 1995" (Cissé 1999:219). Daneben verortet man sich inhaltlich in Überschneidung und Übereinstimmung mit anderen aktuellen migrantischen und sozialen Bewegungen, etwa im Zuge der Mobilisierung gegen den Contrat Première Embauche (CPE) 2006, wo die Sans-Papiers als „en première ligne de cette précarisation" teilnahmen (Bahija 31.7.06).[114] Auch die Forderung, sozialen Wohnbau für MigrantInnen zu öffnen, wird von Sans-Papiers aufgegriffen.

> „On essaye de généraliser la chose quoi ... souvent la lutte c'est pas uniquement les Sans-papiers, ce sont les immigrés ... aujourd'hui nous sommes Sans-papiers, si on aurait les papiers ça serait pareil. Nous serons dans la même galère." (Kébé 28.7.06)[115]

Ein Beispiel aus der jüngsten Phase der französischen Migrationspolitik, wie Vernetzung die Basis der eigenen Artikulation erweiterte, ist die Initiative Uni(e)s Contre une Immigration Jetable (UCIJ). Die Vereinigung aus 300 Organisationen (Vereine, Sans-Papiers-Kollektive, Gewerkschaftsgruppen, Parteien) gründete sich im Jänner 2006 aus Protest gegen das neue Immigrationsgesetz CESEDA.

11.1.9. Autorisierung als Freiheit

Sans-Papiers haben die kriminalisierende, entmenschlichende Zuschreibung des „clandestin" und „Illegalen" als Namen, der gleichzeitig Beschimpfung ist, angenommen und wiederholt – jedoch in anderen, eigenen Worten. Darin besteht die erste autorisierende Artikulation und neben dem physischen „Gang an die Öffentlichkeit" der Weg aus dem „Schatten-Dasein". Dieser Prozess wird seitdem beständig wiederholt: angefangen damit, dass in sich selbst vollziehender Sprache das Dasein als Da-Sein und Da-Bleiben skandiert wird, bis zum Ausstellen eigener Ausweise für die Mitglieder eines Kollektivs. Die Selbst-Autorisierung, das Selbst-Bild und die Wahrnehmung der eigenen Handlungsfähigkeit als Selbst-Verantwortung sind in diesem Prozess der Subjektivation Ausgangspunkte für „die Eroberung der französischen BürgerInnen" – für die Veränderung des Systems durch die Artikulation der eigenen Position.

Sans-Papiers ziehen verschiedene diskursive Elemente heran, um ihre Positionierung in Frankreich zu untermauern: die institutionellen Mitgliedschaftskategorien „gute Integration" in die französische Gesellschaft und die öffentlich praktizierte *Citoyenneté*; republikanische Grundprinzipien und Menschenrechte, die für die Privatpersonen und das politische Subjekt gelten, auch wenn sie nicht angewendet werden; den eigenen Beitrag und die eigene Leistung im Gegensatz zur kolonialen

---

114 „in der ersten Reihe dieser Prekarisierung"
115 „Wir versuchen die Sache zu verallgemeinern ... Oft betrifft der Kampf nicht allein die Sans-Papiers, es sind die MigrantInnen ... Heute sind wir Sans-Papiers, wenn wir die Papiere hätten wäre es das Gleiche. Wir werden in der gleichen Misere sein."

Schuld der französischen Nation; das Aufnehmen von Codes der Protestgesellschaft und die Vernetzung mit anderen Initiativen. Durch diese autorisierenden Praxen findet ein Subjekt irregulärer Migration „in sich selbst das Prinzip eigener Geltung" (Laclau/Mouffe 2000[1991]:209) und verortet sich wiederum relational. Damit variieren Sans-Papiers das Verhältnis zwischen französischer Ordnung und Outside und können sich performativ „Freiheit" schaffen.

11.2. Als-ob: Irreguläre Anteilnahme

11.2.1. Besetzung von Öffentlichkeit

Die Sans-Papiers-Kollektive in Paris verfügen über ein breites Spektrum von Aktionen, wie sie die französische Gesellschaft ansprechen und ihre Forderungen in den öffentlichen Raum einbringen:
- autorisierte Demonstrationen auf lokaler und nationaler Ebene mit symbolischen Stationen (Place de la République, Nation, Bastille) und durch die sogenannten „quartiers populaires" – jene „Wohn- und ArbeiterInnenbezirke" mit einem hohen Anteil an migrantischer Bevölkerung (Goutte-d'Or, Belleville, Saint-Denis, Montreuil);
- kleinere Versammlungen („rassemblements") an Knotenpunkten des öffentlichen Verkehrs wie der Station Châtelet, sowie vor Bezirksämtern, Schubhaftgefängnissen und Baustellen;
- Besetzungen von privaten und öffentlichen Gebäuden wie den Ministerien für Inneres und Justiz, dem Conseil d'État, der Niederlassung der Europäischen Kommission, dem UNICEF-Gebäude; von Kirchen wie der Basilique de Saint-Denis oder Nôtre Dame de Paris; Theatern und Museen und anderen Punkten öffentlicher Aufmerksamkeit wie dem Eiffelturm.

Sans-Papiers eignen sich diese symbolischen Orte und Räume der Republik an und erzielen dadurch in ihrer selbst-autorisierten Position Aufmerksamkeit: „Ils arrivent à imposer leur présence sur l'espace public." (Bahija 31.7.06)[116]
Diese Aktionen funktionieren, indem sie in einem weiteren Sinn die Ordnung „stören" – oder wie es Diop zehn Jahre nach Saint-Bernard ausdrückte: „Malheureusement il n'y a pas un endroit commun, tant que vous ne gênez pas, vous n'existez pas." (zit. nach Marin 2006:126)[117] Mit der Besetzung von Raum wird die eigene Subjektposition immer wieder wiederholt und verortet und das diskursive Verhältnis aus der *Illegalität* verschoben. Die französische Gesellschaft wird in der Öffentlichkeit als Öffentlichkeit direkt angesprochen.

---

116 „Sie schaffen es, ihre Präsenz im öffentlichen Raum durchzusetzen."
117 „Leider gibt es keinen gemeinsamen Punkt; solange Sie nicht stören, exisitieren Sie nicht."

11.2.2. Mediale Ansprache

Auch die indirekte Ansprache, den Umgang mit Medien und deren Wirkung nehmen die Interviewten bewusst und als Teil ihrer Mobilisierung wahr. Seit den Anfängen in Saint-Bernard wurde die Medienlogik berücksichtigt: betreffend die Art der Kommunikation, die Verfügbarkeit für JournalistInnen und die Auswahl und Präsentation von medientauglichen Beispielfällen:

> „Nous avons compris notre lutte comme un long travail d'explication, une bataille vis-à-vis de l'opinion publique. Pour que cette dernière serve de témoin, il fallait d'abord qu'elle soit informée." (Cissé 1999:68)[118]

> „Notre lutte n'aurait jamais rencontré un tel écho si nous n'avions pas eu la volonté de maîtriser l'information nous concernant, de prendre dès le départ les devants de la presse; les journalistes pouvaient sans doute déformer nos revendications, mais l'essentiel était acquis à partir du moment où nous nous exprimions en notre nom, où nous parvenions à dire notre point de vue, nos objectifs, le sens de notre combat. Le peuple français devait profiter d'une information puisée à la source." (Diop 1997:156)[119]

Der Umgang mit JournalistInnen ist professionell, man organisiert Pressekonferenzen. Schon bei der Planung einer Aktion wird mitbedacht, ob sich damit mediale Aufmerksamkeit erreichen lässt. Bei einer Besetzung wird durch das Megaphon gerufen: „Chaque action qu'on fait sera médiatisée. C'est comme ça. Il faut gagner l'opinion publique." (Saint-Denis 21.7.06)[120]

Punktuell haben Sans-Papiers durch die Besetzung von öffentlichem Raum auch in französischen Medien „Themen setzend" wirken können, immer wieder erzielten sie dabei auch internationale Aufmerksamkeit. Wann eine Aktion erfolgreich kommunizierbar ist und wann nicht, ist dabei – auch nach Selbsteinschätzung der Sans-Papiers – nicht allein durch den Grad der Mobilisierung zu erklären. Als etwa die Basilique de Saint-Denis besetzt wurde, kam das große, auch internationale Medieninteresse überraschend. GesprächspartnerInnen führen es im Nachhinein darauf zurück, dass die Aktion in die Zeit des sogenannten Sommerlochs fiel, die für die Presse eine Zeit des „vide social" („sozialer Leere") darstelle.

---

118 „Wir hatten unseren Kampf immer auch als eine lange Aufklärungsarbeit verstanden, einen Kampf um die öffentliche Meinung. Wenn wir öffentlich registriert werden wollten, dann musste diese Öffentlichkeit zuerst einmal informiert werden." (Cissé 2002:64)
119 „Unser Kampf hätte nie ein solches Echo gefunden, wenn wir nicht den Willen gehabt hätten, die uns betreffende Information zu meistern, von Anfang an der Presse zuvorzukommen; die JournalistInnen konnten zweifellos unsere Forderungen verzerren, aber das Wesentliche war ab dem Zeitpunkt erlangt, als wir uns in unserem Namen ausdrückten, als wir es schafften, unseren Standpunkt zu sagen, unsere Ziele, den Sinn unseres Kampfes. Das französische Volk sollte von einer Information profitieren, die von der Quelle schöpfte."
120 „Jede Aktion, die wir machen, wird in die Medien kommen. So ist das. Wir müssen die öffentliche Meinung für uns gewinnen."

In den Gesprächen mit Mitgliedern der Kollektive zeigt sich auch, wie die Kooperation mit Medien im weniger spektakulären Alltag gesucht wird, und weniger erfolgreich verläuft.

„On a notre tactique, on a notre méthode aussi. Voilà. Le vrai militantisme c'est aussi ça, des méthodes pour gagner, pour avoir les médias ... pour faire un effort pour que l'information puisse passer, on fait un effort toujours là-dessus. Mais après on va pas aller à la direction de TF1 en les menaçant de faire passer l'information." (Diabé 28.7.06)[121]

Die Mobilisierung der Sans-Papiers geschieht in einem bestimmten Mediensystem, das sich nach politischen und ökonomischen Kriterien organisiert und damit Handlungsmöglichkeiten begrenzt. Sans-Papiers haben zwischen 1996 und 2006 versucht, diese Logiken zum Teil aufzunehmen – etwa indem sie spektakuläre medienwirksame Aktionen organisierten oder sich von Prominenten unterstützen ließen. Dass die mediale Aufmerksamkeitsspirale der Agency von Sans-Papiers aber enge Grenzen setzt, lässt sich am Beispiel Hungerstreik deutlich machen (Siméant 1998): Als individuelle Protestform unter Einsatz des eigenen Lebens erzeugen Hungerstreiks anfangs viel Medienecho; ab einem gewissen Zeitpunkt ist das Thema jedoch nur noch „neu", wenn der Streik endet – also mit Abbruch oder durch den Tod des/der Streikenden. Die Frage nach Agency durch Hungerstreiks ist besonders komplex, denn Hungerstreiks zeigen in aller Drastik sowohl Selbstbestimmung/Selbstverweigerung als auch die Abhängigkeit des/der Hungerstreikenden vom Staat. Die französische Politologin Johanna Siméant weist darauf hin, dass aber gerade bei Hungerstreiks die Repräsentation als selbstartikuliertes Subjekt zu Gunsten einer miserabilistischen Berichterstattung abnimmt. Und werden die Streikenden in der Medienberichterstattung wieder zunehmend als Opfer dargestellt, dann gewinnen die Unterstützungsgruppen an Bedeutung.

11.2.3. UnterstützerInnen und Patenschaft

Ganz ohne Unterstützungsgruppen wäre die Mobilisierung von Sans-Papiers nicht möglich – darin stimmen die unterschiedlichen Positionen in den französischen Debatten über die Handlungsfähigkeit irregulärer MigrantInnen überein. Unterstützung reicht dabei vom gemeinsamen Gestalten von Flugblättern (Hôtel Centenaire 23.7.06) bis zur Infrastruktur, die von anderen Organisationen zur Verfügung gestellt wird (Bahija 31.7.06). Im 9ème Collectif wurde etwa einmal gemeint, dass es im Sommer keine Besetzungen gebe, weil die einzelnen UnterstützerInnen, die „soutiens", dann auf Urlaub seien.

---

121 „Wir haben auch unsere Taktik, wir haben unsere Methoden. Voilà. Zur richtigen politischen Kampfbereitschaft gehören auch Methoden, um die Medien zu gewinnen, zu haben ... um sich zu bemühen, dass die Information durchkommen kann, darum bemühen wir uns immer. Aber hinterher werden wir nicht zur Direktion von TF1 gehen und sie bedrohen, die Information zu verbreiten."

UnterstützerInnen finden sich in jedem Kollektiv in sehr unterschiedlichem Ausmaß und in unterschiedlicher Funktion: sie sind großteils Personen mit französischem Pass und regularisierte Sans-Papiers. Die politischen Einstellungen und Netzwerke der „soutiens" dürften sich in der spezifischen Form von Parolen, Flyern und Aktionen – aber auch im Umgang mit anderen AkteurInnen widerspiegeln. Bei den Versammlungen und Vorbereitungstreffen, an denen ich teilnahm, waren „soutiens" zwar zum Teil sehr aktiv, dominierten das Geschehen aber nicht.

In den Gesprächen mit Sans-Papiers vom 9ème Collectif und Montreuil wurde die Unabhängigkeit und Entscheidungsfindung im Kollektiv betont. Das Collectif du 19e wird primär durch Räumlichkeiten unterstützt, bei der Mobilisierung des Collectif du 20e spielten Unterstützungsorganisationen eine entscheidende Rolle. Bei den Versammlungen und Vorbereitungstreffen bildeten die einzelnen UnterstützerInnen eindeutig eine Minderheit, bei einer kleinen Protestkundgebung unter der Woche nachmittags stellten sie jedoch (gemeinsam mit JournalistInnen und mir als teilnehmender Beobachterin) einmal die Mehrheit. Ein Umstand, der bei der nächsten wöchentlichen Versammlung als „schändlich" bezeichnet wurde (9ème 24.7.06). Zu den klassischen Unterstützungsgruppen von Sans-Papiers in Frankreich zählen im Allgemeinen

- Nicht-Regierungsorganisationen (NGOs), die speziell auf die Arbeitsfelder Menschenrechte und Antirassismus ausgerichtet sind: Cimade, Droit devant, FASTI, GISTI, MRAP, SOS-Racisme;
- NGOs, die primär in anderen Feldern tätig sind, für die irreguläre Migration aber ein Themenschwerpunkt ist: Act-Up, Medecins du Monde;
- Kirchen: katholische und evangelische;
- Gewerkschaften: CFDT, SUD PTT;
- politische (Oppositions-)Parteien und Gruppierungen linken Spektrums: PS, Les Verts, PCF, LCR.

Unterstützungsgruppen stehen für die *Integration* von irregulären MigrantInnen, die sich durch deren eigenes politisches Engagement vollzieht. Sie bilden Netzwerke mit verankerten und institutionalisierten Gruppen und sind damit selbst ein Teil der Verankerung von Sans-Papiers im institutionalisierten politischen System. Gerade in dieser „Mittlerrolle" werden Unterstützungsgruppen auch sehr kritisch gesehen, wenn sie von UnterstützerInnen zu FürsprecherInnen avancieren. Mit der Fürsprache verschieben sich wiederum Subjekt- und Objektpositionen und politische Handlungsfähigkeit bekommt andere Bedeutung. Der Protest „im Namen" irregulärer MigrantInnen kann für UnterstützerInnen funktionell und nützlich sein, um sich selbst im Verhältnis zu den Sans-Papiers und anderen politischen AkteurInnen zu autorisieren.

Wie Siméant (1998) darstellt, kann eine solche Instrumentalisierung nach konkurrenziellem, paternalistischem und opportunistischem Muster ausfallen. So verweist sie etwa auf die schwankende Unterstützung der PS; deren Engagement in

Oppositions- und Wahlkampfzeiten Konjunktur hat, in Zeiten der Regierungsverantwortung aber Grundzüge der Illegalisierungs-Politik fortsetzt. Auch lässt sich zeigen, dass die breite Unterstützung und Mobilisierung der Bevölkerung linken Spektrums größer ist, wenn rechtskonservative Parteien die Regierung stellen (ebd.).

Ein Beispiel für kollektive Unterstützung ist das Réseau Education Sans Frontières (RESF) – ein im Juni 2004 gegründetes Netzwerk von 120 Unterstützungsgruppen, die sich aus LehrerInnen, Eltern, SchülerInnen und Gewerkschaften im Bereich Bildung zusammensetzen. Der Personenkreis des RESF geht damit über das typische Feld der Sans-Papiers-UnterstützerInnen hinaus (Terray 2006:101). Das Netzwerk engagiert sich gegen die Abschiebung von Schulkindern und deren Eltern ohne gültige Aufenthaltspapiere und konnte mit einer groß angelegten Kampagne während des laufenden Schuljahres 2005/2006 ein Moratorium für Abschiebungen erzielen.

Das RESF leistet Informations- und Petitionsarbeit, begleitet Familien zu Gerichtsterminen und bei Vorladungen zu Bezirksämtern und konnte mit Patenschaftssystemen („systèmes de parrainages") zwischen französischen StaatsbürgerInnen und irregulären MigrantInnen Aufmerksamkeit erzielen. Unter dem Eindruck von 25.000 mehr oder weniger stillschweigend geschehenen Abschiebungen im Laufe des Jahres 2005 und erneut drohenden Abschiebungen mit Ende des Schuljahres 2006 wurde so ein Alarm-Netzwerk von persönlichen Kontakten geschaffen. Unter republikanischer Symbolik wurden in Bezirksrathäusern offizielle Parrainages-Zeremonien abgehalten (Mairie 20^e 31.5.06). Im Juni 2006 konnten weitere Regularisierungen erzielt werden; das RESF war auch ein Hauptakteur im Herbst 2006, um Regularisierungen für „gut integrierte" Familien zu erzielen. Bei der Regularisierung von Familie Reda und den anderen Familien im 20^e spielte es eine entscheidende Rolle (Reda 30.7.06).

Einige Mitglieder der Kollektive halten die Positionierung von RESF für problematisch. Das konsequente Auftreten speziell für Kinder und Familien mit Regularisierungsbedarf (das auch der Medienlogik von verkaufbaren und nicht verkaufbaren Einzelfällen nicht widerspricht) ziehe eine Grenze zwischen den Sans-Papiers. Alleinstehende und Familien mit nicht eingeschulten Kindern würden so ins Abseits geraten (Bourse de Travail 19.7.06, Reda 30.7.06). Kriterien der „guten Integration" würden wiederholt und die humanitäre Argumentation für Kinder und Familien, die auf Einzelregularisierungen abzielt, schwäche die Position der Sans-Papiers als politische AkteurInnen insgesamt (Bourse de Travail 19.7.06, La Générale 28.7.06).

UnterstützerInnen können die Selbst-Artikulation von Sans-Papiers fördern, indem sie Raum, Ressourcen und Aufmerksamkeit teilen, durch ihr Auftreten können sie aber auch für sich selbst autorisierende Absichten verfolgen. Als „VermittlerInnen" sind sie Ausdruck und Instrument der Verbindung mit der etablierten französischen Gesellschaft – als solche werden sie auch Anlass von Konflikt und selbst Verhandlungsgegenstand.

11.2.4. Etabliert

In Folge der Besetzungen öffentlichen Raums zwischen 1996 und 2006 konnten Sans-Papiers punktuell auch Präsenz in staatlichen Institutionen erzielen – und zwar auf Einladung. Nach der Besetzung des Gymnase Japy 1996 kam es zu Treffen zwischen Sans-Papiers und Verantwortlichen im französischen Innenministerium, während Saint-Bernard sprachen die drei HauptakteurInnen mit Innenminister Jean-Louis Debré. Ebenfalls kam es zu einem Treffen mit dem UDF-Präsidenten Gilles de Robien.

Sans-Papiers wurden im Europäischen Parlament empfangen, nachdem sie eine geplante Besetzung abgesagt hatten (17./18.9.1996), am 8. April 1997 wurde eine Resolution zum Thema offiziell verabschiedet.

Seit dieser Anfangsphase der Mobilisierung fanden in unterschiedlichem Rahmen immer wieder Treffen zwischen Sans-Papiers und VertreterInnen des französischen politischen Systems statt. Das Kollektiv Saint-Denis scheiterte lange Zeit daran, Kontakt mit lokalen Verantwortlichen aufzunehmen. Mit der Besetzung der Basilique de Saint-Denis kam es innerhalb von einer Woche zu einem Treffen mit Verantwortlichen des Bezirksamtes sowie des Sozial- und des Innenministeriums (Ali 27.7.06). Auch unter Innenminister Sarkozy gab es Treffen mit VertreterInnen der Kollektive (La Générale 22.7.06).

Im Zuge der Aktionen gegen das jüngste Einwanderungsgesetz im Netzwerk UCIJ hatte das 9ème den Eindruck, dass die Sans-Papiers in der Auseinandersetzung mit der Regierung marginalisiert werden. Sie organisierten daher eine eigene Protestaktion und erzielten damit, dass Mitglieder des Kollektivs an einer Anhörung im Senat teilnehmen konnten. So hatten sie die Möglichkeit, neben etablierten menschenrechtlichen und antirassistischen NGOs wie Cimade und MRAP die Sicht des Kollektivs auf den Gesetzesentwurf zu artikulieren (Bahija 31.7.06).

Kontakte mit hohen VertreterInnen des französischen politischen Systems übersetzen sich aber – jenseits des symbolischen Erfolges – nicht direkt in die Migrationsgesetzgebung. Konkrete Forderungen konnten auf nationaler Ebene nicht durchgesetzt werden. Wenn Sans-Papiers als VerhandlungspartnerInnen Bedeutung bekommen, dann auf niedrigerer, lokaler Ebene: bei den Bezirksämtern, den regionalen Büros der OFPRA und den Unterabteilungen des Office des Migrations Internationales (OMI). Hier gelingt es zum Teil durch die Diskrepanzen zwischen nationaler Gesetzgebung und ihrer lokalen Implementierbarkeit (Ver-)Handlungsspielraum zu gewinnen (Siméant 1998:248). Bei einem Interview wurde davon gesprochen, dass die unterschiedlichen Verhandlungsergebnisse und -erfolge auf diesen beiden Ebenen durchaus auch strategisch eingesetzt werden (Ali 27.7.06). Hauptziel bei den Interventionen der Sans-Papiers ist jedenfalls die Regularisierung.

11.2.5. Fokus Regularisierung: Anpassung von Illegalität

Regularisierungen sind ein Weg, zwischen einer Ordnung und ihrer *Illegalität* zu verhandeln. Sie sind ein Versuch, etablierte Demokratie an die nicht bewältigbare Gesellschaft vor Ort „anzupassen".

Allgemein lassen sich Regularisierungen hinsichtlich ihres Personenkreises (generell, massiv oder „cas par cas"; also „Fall für Fall"), nach der zeitlichen Perspektive der Aufenthaltsgenehmigung sowie nach den Kriterien, nach denen sie vollzogen werden, unterscheiden. Regularisierungen können im Zeichen der Aufrechterhaltung öffentlicher Ordnung oder eines flexibleren Umgangs mit Arbeitskraft stehen oder als Instrument des sozialen Zusammenhalts gesehen werden, um der Marginalisierung von Personen entgegen zu wirken (Cholewinski 2005:57). Selbst massive (aber nicht generelle) Regularisierungen stellen Kategorien auf und trennen somit MigrantInnen in die, die Regularisierung „verdienen" und jene, die es nicht tun (Engbersen 1999:217). Regierungskampagnen zur Regularisierung irregulärer MigrantInnen können dazu dienen, ein neues Immigrationsgesetz zu etablieren; um eine Grenzlinie zu ziehen, mit der Absicht das „Kapitel" irreguläre Migration *abzuschließen*. Die Kriterien von Regularisierungen laufen komplementär zur Definition von *Illegalität*, die von der vorhandenen oder neu einzuführenden Migrationsordnung vorgegeben wird, und bestätigen diese.

In Frankreich hat es seit dem Stopp der Arbeitsmigration 1973/1974 neun Regularisierungskampagnen gegeben. Massive Regularisierungen sind gemäß des L'Avis du Conseil d'État vom 2. August 1996 eine Maßnahme, die von der französischen Regierung jederzeit ohne zusätzliche Begründung getroffen werden kann (Terray 2001:65).

Wie die Konstruktion der *Illegalität* in der französischen Migrationsordnung befinden sich auch die Regularisierungskriterien im Wandel (siehe Anhang E, zusammengestellt aus Levinson 2005, Lochak 2002, Poelemans/Sèze 2000, Wihtol de Wenden 2001): war zwischen 1973 und 1981 bei den Regularisierungskampagnen der Nachweis eines Arbeitsverhältnisses entscheidend, so waren es von 1989 bis 1998 vor allem familiäre Bindungen. Die jüngste Regularisierungswelle 2006 galt ausschließlich für Familien und nach Kriterien der *Integration* in die französische Gesellschaft, festgemacht an eingeschulten Kindern und Französisch als „Hauptsprache" in der Familie.

Seit dem „Loi Chevènement" 1998 und bis zum CESEDA 2006 konnten irreguläre MigrantInnen auch unabhängig von solchen Kampagnen auf Ebene des Bezirksamtes Regularisierung beantragen: in Form eines Dauervisums (das in der Praxis jedoch nur selten vergeben wurde), bei schweren Krankheitsfällen, wo gesundheitliche Versorgung im Herkunftsland nicht gewährleistet war, und bei Nachweis von zehn Jahren Aufenthalt in Frankreich und persönlichen und familiären Bindungen. Für Letzteres versuchten die Antragstellenden, ihre „de facto"-Integration über Arbeit, Schule und Familie in Form eines persönlichen Dossiers zu belegen.

Die European Commission against Racism and Intolerance (ECRI) ging von mehreren zehntausend Regularisierungen dieser Art in Frankreich pro Jahr aus (ECRI 2005:17). Hingegen wurden laut CIMADE im Jahr 2004 lediglich rund 4.000 von mehreren zehntausend Anträgen positiv beantwortet. Im Jahr 2000 waren es diesen Angaben zufolge rund 3.000, im Jahr 2003 rund 4.000 Migrant-Innen gewesen, die auf diesem Weg einen regulären Aufenthaltstitel erhielten (CIMADE 2006a).

Terray schätzt, dass im Zeitraum 1996 bis 2006 insgesamt 150.000 Personen einen gültigen (temporären) Aufenthaltstitel erhalten haben: davon 90.000 auf Basis einer gesetzlichen Verordnung (Circulaire Chevènement, 24.6.1997) und 60.000 als direkte Folge von Saint-Bernard und großen Demonstrationen 1997, von Hungerstreiks, der Besetzung der Basilique de Saint-Denis 2002 und der Interventionen von Kollektiven und Unterstützungsgruppen bei den Bezirksämtern und Gerichten (Terray 2006:91). Dazu sind noch die rund 7.000 von über 33.500 AntragstellerInnen zu zählen, die im Rahmen der jüngsten Kampagne unter Nicolas Sarkozy regularisiert wurden (PICUM Nr.11/2006).

Regularisierungskampagnen sind weniger ein Ausdruck von Migrationspolitik als ein nachträgliches Anpassungsinstrument für nicht-existente Politik in diesem Bereich (Wihtol de Wenden in: Libération, 4.5.2005). Regularisierungen können aber auch Ausdruck von Repolitisierung sein, dort wo die Kriterien selbst Gegenstand von Auseinandersetzung werden. So konnten Kollektive durch Protestmaßnahmen und die Mobilisierung bei Bezirksämtern auch für Personen, die den jeweiligen Regularisierungsvoraussetzungen nicht entsprechen, ein temporäres Bleiberecht erzielen.

Angesichts dessen ist der neue CESEDA, der die prinzipielle Zehn-Jahres-Regel streicht und die Entscheidungskompetenz von der Bezirksebene zu einer neu einzurichtenden nationalen Regularisierungskommission verlagert, auch als Versuch zu sehen, die derzeitige Verhandlungsbasis von Sans-Papiers in Regularisierungsfragen zu beschränken.

Gerade da, wo Sans-Papiers im Bereich einzelner Regularisierungen Agency haben, spitzt sich die Ambivalenz ihres Handelns zu: Die Regularisierung passt den irregulären Aufenthaltsstatus des Subjektes nach bestimmten Kriterien an die geltenden Gesetze an, der Akteur/die Akteurin Sans-Papiers verschwindet jedoch als solche/r und wird in die französische Gesellschaft integriert.

11.2.6. Papiere für alle?

Mit der Regularisierung beginnen und enden die Proteste von Sans-Papiers. Sie zu fordern ist der gemeinsame Nenner aller Kollektive und zugleich ist sie in ihrer politischen Interpretation ein Scheidepunkt. In den Interviews wurde betont, dass sich der Handlungsspielraum gegenüber den Bezirksämtern durch das

Auftreten im Kollektiv ergebe „Dans le collectif c'est beaucoup plus facile de se régulariser." (La Générale 28.7.06)[122]

„Ça c'est qu'au niveau du collectif qu'on pourra faire ce genre d'action et obtenir une réponse positive favorable. C'est que dans la lutte du collectif qu'on pourra faire ça. C'est une lutte collective et une demande collective. On gagne tous ensemble ou on perd tous ensemble." (Diabé 28.7.06)[123]

Wer aber mit „alle" gemeint ist, stellt auch die Sans-Papiers-Kollektive vor ein Grundsatzproblem. Bei der Frage, wer regularisiert wird, sind zwei Ebenen zu unterscheiden: bei öffentlichen Demonstrationen und Aktionen auf lokaler und nationaler Ebene fordern die Kollektive eine generelle Regularisierung für alle Sans-Papiers. In den konkreten „Verhandlungen" und Interventionen bei den Bezirksämtern zielt man auf Aufenthaltsgenehmigungen für konkrete Mitglieder ab. Listen mit Namen und Dossiers werden deponiert. Diese Listen können alle Mitglieder des Kollektivs beinhalten oder eine Auswahl – in letzterem Fall setzt sie sich aus jenen zusammen, die sich stark engagieren. Das Engagement wird durch Unterschriften auf TeilnehmerInnenlisten „gemessen", die bei den verschiedenen Aktionen die Runde machen. Der Forderung nach genereller Regularisierung auf öffentlicher, nationaler Ebene steht also auf lokaler Ebene eine Praxis des „cas par cas" für eine klar eingeschränkte Personengruppe gegenüber.

Diesen Widerspruch thematisieren Mitglieder verschiedener Kollektive offen (Bourse de Travail 19.7.06): Auf der einen Seite wird argumentiert, dass gerade im lokalen direkten Bereich mit limitierten Forderungen höhere Aussichten auf erfolgreiche Regularisierung vorhanden seien. Zum anderen wird gerade die Zersplitterung von Sans-Papiers in „lokale Kämpfe" als Hindernis gesehen, auf nationaler Ebene massive Regularisierungen und eine Änderung der Migrationsgesetzgebung zu bewirken. Indem man sich auf „Fall für Fall"-Regularisierungen einlasse, werde auch jener Prozess wiederholt und verstärkt, der im Sinne einer „bonne intégration" *gute* von *schlechten* MigrantInnen trennt. Bei Regularisierungen nach Kriterien der „guten Integration" werden die „weniger Irregulären der Irregulären" (Siméant 1998:434) bevorzugt und die Gruppe der Abgewiesenen in ihrer *Illegalität* bestätigt.

Sans-Papiers haben vor den Bezirksämtern zwar mehr Gewicht – was aber auf der einen Seite Verhandlungsbasis heißt, kann auf der anderen Seite auch Willkür bedeuten. Sans-Papiers können sich dort durchsetzen, wo administrative Entscheidungen generell nicht immer nachvollziehbar sind. Die Grenze, die zwischen Regularisierten und Nicht-Regularisierten gezogen wird, ist nicht transparent. Einzelne Mitglieder verweisen auf die unterschiedlichen Regularisierungschancen

---

[122] „Im Kollektiv ist es viel leichter, sich zu regularisieren."
[123] „Nur auf Ebene des Kollektivs kann man diese Art von Aktion machen und positive günstige Antworten erzielen. Nur im Kampf des Kollektivs kann man das machen. Es ist ein kollektiver Kampf und ein kollektiver Antrag. Wir gewinnen alle gemeinsam oder wir verlieren alle gemeinsam."

je nach zuständigem Amt, von denen sie im Laufe der Kampagne 2006 erfahren hätten (Adama 29.7.06). „Fall für Fall" werden irreguläre MigrantInnen von der Position der *Illegalität* in die französische reguläre Gesellschaft umgedeutet, die Grenze zur *Illegalität* wird damit aber wiederholt und bestätigt.

Individuell verändert sich mit dem erlangten regulären Aufenthaltstitel die Lebenswelt. Ein Gesprächspartner empfand sie „Comme une naissance, quelle soulèvement!" (Reda 30.7.06)[124] Im Verhältnis zum Kollektiv bedeutet Regularisierung aber meistens Demobilisierung. Denn die Personen in den Kollektiven wechseln stark, in seltenen Fällen dauert ein Engagement länger als einige Jahre. Dieser Umstand wird als Verlust für die Sache der Sans-Papiers empfunden (Noria 31.7.06), teilweise aber auch als Zeichen der erfolgreichen *Integration* der Sans-papiers dargestellt:

> „Il y a un rôle qui tourne. Les gens qui viennent, après ils partent, un mois, on les voit pas, trois mois dans la lutte après ils disparaissent. Il y a un rôle qui tourne. [...] Il faut savoir la lutte demande beaucoup de l'énergie, elle demande beaucoup de temps et les Sans-papiers aussi il y en a qui sont mariés, il y en a qui ont des enfants. [...] Le fait qu'ils viennent en rotation déjà il est plus qu'il était. Les Sans-papiers ne sont pas de Sans-papiers chômeurs, des voyoux, des voleurs, des demandeurs de charité. [...] Oui, il y a 300.000-400.000 Sans-Papiers en France, mais les Sans-papiers ils travaillent." (Ali 27.7.06)[125]

Mit einer Generalregularisierung würde laut Adama das Engagement der Sans-Papiers enden:

> „Et à partir du moment où il donne des papiers à tout le monde il n'y aurait plus d'association collective. Le fait que tout le monde soit régularisé, il n'aurait plus d'association. Le but est déjà fait. L'association aboutira presque plus." (Adama 29.7.06)[126]

Dieses Desengagement von Sans-Papiers, das zu beobachten ist sobald der persönliche Aufenthalt gesichert ist, wurde von RegierungsvertreterInnen seit Beginn der Mobilisierung 1996 strategisch eingesetzt, indem lediglich die SprecherInnen und federführenden AktivistInnen eines Kollektivs „wegregularisiert" wurden. Von Angeboten „extrem wohlwollender" Behandlung Einzelner berichtet schon Cissé. Auch im Kollektiv St-Denis war man mit Tauschangeboten konfrontiert, den Sprecher des Kollektivs als Einzelperson zu regularisieren (Ali 27.7.06).

---

124 „Wie eine Geburt, welch Erhebung!"
125 „Es gibt eine Rotation. Die Leute kommen, dann gehen sie, ein Monat sieht man sie nicht, drei Monate im Kampf, dann verschwinden sie. Es gibt eine Rotation. [...] Man muss wissen, dass der Kampf viel Energie verlangt, er verlangt viel Zeit und auch unter den Sans-Papiers gibt es welche, die verheiratet sind, gibt es welche, die Kinder haben. [...] Schon durch die Tatsache, dass sie in Rotation kommen, ist er mehr als er war. Die Sans-Papiers sind keine arbeitslosen Sans-Papiers, keine Gauner, keine Diebe oder Bettler von Almosen. [...] Ja, es gibt 300.000-400.000 Sans-Papiers in Frankreich, aber die Sans-Papiers – die arbeiten."
126 „Und ab dem Moment, wo er jedem Papiere gibt, würde es keine Vereinigung mehr geben, kein Kollektiv. Durch die Tatsache, dass alle regularisiert wären, würde es keine Vereinigung mehr geben. Das Ziel wäre schon erreicht. Die Vereinigung würde fast zu nichts mehr führen."

11.2.7. Anteilnahme als Gleichheit

Durch eine Vielfalt von „paradoxen Szenen" präsentieren sich Sans-Papiers nicht nur der Öffentlichkeit, sondern nehmen in einer Praxis des „Als-ob" selbstvollziehend Anteil: durch Besetzung von öffentlichem Raum, direkte und mediale Ansprache der Öffentlichkeit. Die Kollektive spielen das Gesellschaftsspiel Frankreich als wären sie unter seinen legitimierten Mitgliedern, geben Pressekonferenzen und sprechen mit hohen FunktionärInnen. Durch Anspruch, Ansprache und „Störung" werden sie zu TeilnehmerInnen im französischen politischen System. Sie praktizieren „Gleichheit", indem sie sie fordern. Als Angleichung bedeutet dies aber auch, dass gewonnene autorisierte Positionen wieder relativiert werden. Dort, wo durch Medien und/oder UnterstützerInnen vermittelt wird, wo man etwas in Verhandlung mit den etablierten AkteurInnen bewirken will, werden mitunter auch Regeln, gegen die protestiert wurde, Teil der eigenen Logik.

Die Regularisierung ist eine Fortsetzung davon, indem sich Einzelpersonen der demokratischen Ordnung angleichen und „angepasst" werden. Per Verordnung und Bescheid erlangen sie als einzelne Subjekte – fortan mit Papieren – nicht nur mehr „Freiheit" und „Gleichheit", sondern durch die beiden etwas „Sicherheit". Im selben Zug wird aber die Grenze zur *Illegalität* bestätigt und damit auch die Grenze der Gültigkeit dieser drei Worte.

Am Beispiel der Regularisierung wird neben Autorisierung und Anteilnahme der Sans-Papiers aber noch eine dritte Art von Agency sichtbar. In einem Gespräch wurde verständlich gemacht, dass das lokale Intervenieren beim Bezirksamt zu einem gewissen Grad auch über den Einzelfall hinauswirkt und subjektiv für „Sicherheit" sorgen kann:

> „[La mobilisation est-elle un risque?] Bien sûr … ils te connaissent. L'Etat peut t'arrêter. Mais évidemment la préfecture a beaucoup de boulot. Ils ne peuvent pas faire porte à porte. Franchement il y a beaucoup de Sans-papiers ici. Et la préfecture a d'autre boulot à faire que de faire porte à porte. À condition que tu ne fasses pas de bêtises." (Adama 29.7.06)[127]

Die Kollektive der Sans-Papiers beschäftigen mit den Regularisierungen sichtbar die Verwaltung, *Illegalität* als „condition sociale" tritt zu Tage und durch diese Sichtbarkeit wird die (bedrohliche) Bedeutung der Verwaltung teilweise eingeschränkt. Durch diesen Effekt der Kollektive kann sich für Einzelne – auch wenn deren Dossier nicht gerade aktuell bearbeitet wird – ein Zugewinn an gefühlter „Sicherheit" ableiten. Nach Autorisierung und Anteilnahme mit der regulären französischen Gesellschaft stellt sich also die Frage, was eigentlich die eigenen Kollektive von und für irreguläre MigrantInnen bedeuten.

---

[127] „[Ist die Mobilisierung ein Risiko?] Natürlich … sie kennen dich. Der Staat kann dich verhaften. Aber offensichtlich hat das Bezirksamt viel Arbeit. Sie können nicht von Haus zu Haus gehen. Ehrlich, hier gibt es viele Sans-Papiers. Und das Bezirksamt hat andere Arbeit zu erledigen als von Haus zu Haus zu gehen. Vorausgesetzt, du machst keine Dummheiten."

11.3. Autorisiertes Teilnehmen: Kollektive der Sans-Papiers

11.3.1. Unterschiedliche Verfassungen und Motivationen

Die „Verfassungen" von Sans-Papiers-Kollektiven sind sehr verschieden. Sie spiegeln die unterschiedlichen Vorstellungen von Mobilisierung wider, die in der „Saga der Sans-Papiers" schon früh für Diskrepanzen gesorgt haben. Im Kollektiv von Saint-Bernard kam es 1997 zwischen den HauptakteurInnen Diop und Cissé zu einem Richtungsstreit über die Orientierung und Zusammensetzung des Kollektivs. Die eine Seite war für eine Beschränkung der Mitgliederzahl und sozusagen ein „Schließen" des Kollektivs, um die Umsetzbarkeit der Forderungen realistisch zu halten (Diop 1997). Die andere plädierte für eine Ausweitung der Sans-Papiers-Positionen als generelle und globalere Protestbewegung. Cissé sah die Zukunft des Kollektivs aus einer marxistisch-leninistischen Perspektive und eingeschrieben in eine Auseinandersetzung über (Post-)Kolonialismus und Nord-Süd-Beziehungen (Cissé 1999:178).

Zehn Jahre später gibt es allein in Paris ein Dutzend sehr heterogener Kollektive. Bei der Kooperation zwischen den Kollektiven gibt es immer wieder Probleme – auf nationaler Ebene, aber selbst im regionalen Zusammenschluss ALIF. Die Kollektive seien untereinander nicht ausreichend informiert, die Aktionen nicht genügend abgestimmt (Bourse de Travail 19.7.06). Man habe oft nicht die gleiche Vorgehensweise, woraus Reibungen und Debatten folgten. Insgesamt sei es schwierig, kohärent und effizient zu arbeiten (Bahija 31.7.06).

Auch im Inneren setzen sich die unterschiedlichen Deutungen der Rolle und Funktion der Kollektive fort: Ist man im weitesten Sinn Partei, Interessensvertretung oder ein Verein mit Service? Zur Illustration dieser Frage sind nochmals die Ausweise der verschiedenen Kollektive hilfreich – in Kontakt mit Exekutivkräften können sie dazu dienen, die „de facto"-Verankerung in der französischen Gesellschaft zu zeigen und so zum Teil Schutz vor Inhaftierung und Abschiebung bieten. Im Verhältnis eines einzelnen Mitglieds zum Kollektiv können sie genauso als Dokument politischer Mitgliedschaft gesehen werden wie als Art KundInnenkarte, die nach genügend teilgenommenen Aktionen einen Platz auf einer Regularisierungsliste verspricht.

Während etwa die Mitglieder von Montreuil den explizit politischen Charakter ihres Engagements betonen (Hôtel Centenaire 28.7.06), sieht Adama das 19e Collectif klar abgegrenzt von einer politischen Organisation:

> „Comme tu vois le bureau est assez pratique. L'association normalement n'a pas une vision politique. C'est vrai chacun à sa perception personnelle, mais l'association elle-même n'a pas un but politique. C'est une association en tant qu'association. Elle ne peut pas être ralliée à un parti politique. Elle peut avoir des soutiens d'un parti politique mais elle ne peut pas faire partie d'un parti politique. [...] Le but c'est défendre les Sans-papiers, c'est le but principal." (Adama 29.7.06)[128]

---

[128] „Wie du siehst ist das Büro ziemlich zweckmäßig. Die Vereinigung hat normalerweise keine politische Vision. Sicher hat jede/r Einzelne seine/ihre persönliche Auffassung, aber die Vereini-

Der unterschiedliche Zugang zu den Kollektiven schlägt sich auch konkret in unterschiedlichen TeilnehmerInnenzahlen bei den verschiedenen Versammlungsformen nieder. Über die verschiedenen Kollektive hinweg konnte beobachtet werden, dass mehr Personen zu den Rechtsberatungen kommen als zu den internen Versammlungen und mehr zu den internen Versammlungen als zu den Protestaktionen im öffentlichen Raum (Bourse de Travail 19.7.06). Ein Mann klagt bei einer der montäglichen Versammlungen des 9ème Collectif:

> „Les réunions vous êtes toujours nombreux, mais les quatre rassemblements derniers pas plus d'une vingtaine de personnes! Ça fait un mois que je suis parmi vous – et je suis découragé! Pour m'encourager mobilisez-vous!" (9ème 24.7.06)[129]

Viele Sans-Papiers motiviert die Aussicht auf Regularisierung zum Beitritt ins Kollektiv, häufig weil FreundInnen oder Familienmitglieder so einen Aufenthaltstitel erhalten haben (Adama 29.7.06, La Générale 28.7.06). Sie dürfte Personen mit irregulärem Aufenthalt wesentlich zum Beitritt zu einem Kollektiv und zu kontinuierlichem Engagement motivieren. Dieser Eindruck verstärkte sich bei mir noch angesichts einer Praxis im Collectif de Belleville: in der Hochphase der Regularisierungsanträge, zwischen Stößen von Dossiers, wurde zu Beginn der Versammlungen vom Büro jeweils die Liste der Namen der kürzlich regularisierten Personen verlesen (La Générale 22.7.06). Einmal gab ein Mitglied des Büro dabei feierlich bekannt, dass der Präsident des Kollektivs und seine Frau nach vier Jahren Mobilisierung einen Aufenthaltstitel erhalten hätten (La Générale 28.7.06). Mobilisierung und Courage hängen in den Sans-Papiers-Kollektiven in einem weiteren Sinn zusammen.

11.3.2. Alarm, Schutz und Netz

Abgesehen von einer Aussicht darauf, regularisiert zu werden, bedeuten die Kollektive für die Mitglieder Hilfe und Verbesserungen im Alltag „ohne Papiere". Alle Kollektive bieten wöchentliche Rechtsberatung („pérmanences juridiques") an. Sie helfen beim Erstellen und Bearbeiten von Dossiers für die Bezirksämter und begleiten ihre Mitglieder, wenn sie dorthin vorgeladen werden.

Daneben wird in den wöchentlichen Versammlungen über Rechte und Pflichten informiert sowie über aktuelle migrationspolitische Entwicklungen in Frankreich und in anderen europäischen Ländern, beispielsweise über die Regularisierungen in Italien und Spanien (Belleville 28.7.06). Es werden Hinweise für den Alltag gegeben, welche Orte häufig kontrolliert werden oder welche Rolle Personal-

---

gung selbst hat kein politisches Ziel. Das ist eine Vereinigung in der Eigenschaft einer Vereinigung. Sie kann nicht mit einer politischen Partei verknüpft werden. Sie kann Unterstützung von politischen Parteien erhalten, aber sie kann nicht einer politischen Partei angehören. […] Das Ziel ist, die Sans-Papiers zu verteidigen, das ist das Hauptziel."
129 „Bei den Treffen seid ihr immer zahlreich, aber bei den vier letzten öffentlichen Versammlungen nicht mehr als rund zwanzig Personen! Ich bin seit einem Monat bei euch – und ich bin entmutigt! Um mich zu ermutigen, mobilisiert euch!"

dokumente im Abschiebeprozess und der Geschwindigkeit seines Vollzugs spielen. Durch die Kontakte im Kollektiv fühlen sich die Mitglieder besser informiert. Der Umgang mit der irregulären Situation wird als verbessert wahrgenommen.

> „Le fait d'être dans un groupe déjà, le fait d'être dans un groupe la personne n'est pas isolée. Elle est plus forte, elle est plus soutenue. Ça se voit par expérience quand quelqu'un est arrêté au sein d'une manif, au centre de rétention les autorités sont au courant que la personne arrêtée fait partie du 9ème collectif. Il y a des pressions et des actions et grâce à ces actions on arrive à libérer les gens et même il y en a qui sont régularisés, par expérience. [...] Ils sont plus sécurisés parce que d'abord un groupe ça fait une force: ils sont plus au courant de ce qui se passe, on discute sur la loi, on discute sur la circulaire, ils sont accompagnés à la préfecture – ça change." (Bahija 31.7.06)[130]

Im Fall einer Verhaftung können Mitglieder die Telefonnummern auf ihren Ausweisen wählen. Die zuständigen Personen im Kollektiv organisieren dann je nach Vorfall AnwältInnen und ÄrztInnen und versuchen zu intervenieren. Die Interventionsweise des Kollektivs bei solchen Vorfällen wird im Rahmen der wöchentlichen Treffen präsentiert und in den Gesprächen vor- und nachher von verschiedenen solcher Fälle erzählt (Adama 29.7.06).

> „Plus sûr, un tout petit peu... quand même avec les arrestations tu peux intervenir ... mais tout seul c'est difficile, c'est difficile. L'association c'est quelque chose reconnue par l'Etat, mais individuellement ... t'es représenté – ta voix est representée en fait par l'association – mais individuellement quelqu'un qui appartient à aucune association c'est dificile. Il est un peu trop seul, un peu dans l'air." (Adama 29.7.06)[131]

> „Quand dans un groupe on est toujours préservé contre certaines mesures de la police, ils n'osent pas à nous arrêter parce qu'ils ont peur des manifestations des autres quand on est nombreux. Mais quand on est tout seul, deux personnes... ils nous arrêtent ... mais dans le collectif. Du coup ça marche très bien, on a un soutien." (Camara 31.7.06)[132]

---

130 „Schon die Tatsache, in einer Gruppe zu sein, durch die Tatsache in einer Gruppe zu sein ist die Person nicht mehr isoliert. Sie ist stärker, sie hat mehr Unterstützung. Das zeigt die Erfahrung – wenn jemand verhaftet wird bei einer Demo, in einem Anhaltezentrum, sind die Behörden am Laufenden, dass die verhaftete Person Mitglied des 9. Kollektivs ist. Es wird Druck gemacht und es gibt Aktionen und dank dieser Aktionen erreicht man, die Leute zu befreien und einige darunter auch zu regularisieren, aus Erfahrung. [...] Sie sind sicherer, weil die Gruppe vor allem eine Kraft darstellt: sie sind eher am Laufenden was geschieht, man diskutiert über das Gesetz, man diskutiert über die Verordnung, sie werden zum Bezirksamt begleitet – das verändert."
131 „Sicherer, ein ganz klein wenig ... immerhin bei den Verhaftungen kannst du eingreifen ... aber ganz alleine, das ist schwierig, das ist schwierig. Die Vereinigung, das ist etwas staatlich Anerkanntes, aber individuell ... du wirst vertreten – deine Stimme ist durch die Vereinigung vertreten – aber individuell, jemand, der keiner Vereinigung angehört, das ist schwierig. Er ist ein wenig zu allein, ein wenig in der Luft."
132 „In einer Gruppe bist du immer geschützt vor bestimmten Maßnahmen der Polizei; wenn wir zahlreich sind, wagen sie nicht uns zu verhaften, weil sie Angst vor den Demonstrationen der anderen haben. Aber wenn man ganz allein ist, zwei Personen ... verhaften sie uns ... aber im Kollektiv. Plötzlich funktioniert das sehr gut, man hat Unterstützung."

In allen Kollektiven wird von Vorfällen berichtet, wie Personen durch die Polizei angehalten und kontrolliert wurden, durch das Vorzeigen der Mitgliedskarte aber teilweise sogar eine Verhaftung verhindert werden konnte. Durch Information und soziale Kontakte schaffen die Kollektive Strukturen, die dem „Verschwinden" oder „getting lost" (Jordan 1999) von irregulären MigrantInnen entgegenwirken. In einem bestimmten Rahmen und bei schnellem Reagieren ist es so möglich, im Fall von Verhaftungen zu intervenieren. So sei es etwa leichter, eine Person wieder aus einer Polizeistation zu holen als aus der Schubhaft in einem „Anhaltezentrum" (Châtelet 28.7.06). Die Mobilisierung im Kollektiv wird zu einer Art Versicherung: „Se retrouver en collectif c'est, comment dirais-je, comme une assurance. On est plus nombreux, on n'est pas seul. On lutte pour la même cause." (Reda 30.7.06)[133]

11.3.3. Selbstsicherheit

Durch die Vernetzung im Kollektiv fühlen sich GesprächspartnerInnen besser geschützt und persönlich sicherer. Eine Frau des 9ème sagt angesichts einer delogierten Familie in Saint-Ouen, die die Nacht mit ihren Kindern vor dem Rathaus verbracht hat: „Bei uns würde das nicht passieren." (Bouygues 20.7.06) Auch ein gesteigertes Selbstbewusstsein bringen die Interviewten zum Ausdruck. Die Umgangsformen in den Kollektiven dürften dazu beitragen: Besonders höfliche und respektvolle Artikulation kennzeichnet etwa die Sprechweise des Büros des 19e (förmliche Anrede, rücksichtsvolle und sich selbst verantwortlichende Sprache, Entschuldigungen etwa für die Luftverhältnisse), im 9ème wird stark nicht institutionalisierte „Gleichheit" vermittelt (kreisförmige Sitzanordnung, ständiges Weiterreichen des Mikros) und im Collectif de Montreuil fallen die selbst im kleinen Kreis präzisen, sehr ernst genommenen und viel diskutierten Formen von Basisdemokratie auf (wie RednerInnenlisten, Einfordern von Aufmerksamkeit für alle SprecherInnen, Übersetzung zwischen Französisch und Sononké). Durch die interne Verfassung, aber auch durch die Vertretung des Kollektivs „nach außen" fühlen sich die einzelnen Mitglieder stärker anerkannt:

> „D'abord on est tout seul et puis on est reconnu. Même si on n'a pas ses papiers on est dans un groupe qui est reconnu – donc on est reconnu. Et puis c'est comme ... on a un peu plus de liberté, on peut manifester, extérioriser toutes ces craintes, ces peurs." (Bahija 31.7.06)[134]

---

133 „Sich in einem Kollektiv wiederzufinden, das ist, wie soll ich sagen, wie eine Versicherung. Wir sind mehr, wir sind nicht allein. Man kämpft für dieselbe Sache."
134 „Zuerst ist man ganz allein und dann ist man anerkannt. Selbst wenn man nicht seine Papiere hat, man ist in einer Gruppe, die anerkannt ist – also ist man anerkannt. Und dann ist das wie ... man hat ein wenig mehr Freiheit, man kann demonstrieren, all seine Furcht und seine Ängste äußern."

> „J'ai toujours dit rien que la lutte ... la lutte elle donnera plus de retour que ça ... Avoir la convocation à lutter sur le terrain est une sorte d'une épreuve d'intégration dans la société française et un savoir et une reconnaissance de ces droits. Carrément j'ai beaucoup appris de choses par la lutte. J'ai fait la connaissance des gens de fois simples et des hautes personnalités dans la lutte. Et j'ai appris à avoir le courage de dire halte à la discrimination dans la lutte, et j'ai appris à avoir le bon courage de dire qu'il y a une discrimination dans la société et qu'il y a une injustice. [...] Je me rappelle un moment où les personnalités les maires, les députés dès qu'ils me voient ils me serraient la main et il me disaient ‚Bonjour'. Mais un simple citoyen, un simple Sans-papiers qui n'était jamais impliqué dans la lutte, il n'aura même pas la chance de savoir qui est lui." (Ali 27.7.2006)[135]

Durch gesteigertes Sicherheitsgefühl, interne und externe Anerkennung und gemeinsame Aktionen wird auch die persönliche Situation insgesamt als verbessert wahrgenommen:

> „Personnellement moi quand j'étais Sans-papiers à un certain moment j'ai oublié que je suis Sans-papiers seulement parce que j'ai participé aux actions, j'ai fait de permanences juridiques. [...] À un certain moment moi je suis arrivée à avoir plein de dossier. Et puis on m'a demandé ‚Et vous, votre dossier, vous n'êtes sans papiers?' Le fait de s'impliquer, on oublie qu'on est dans cette situation pour un certain moment." (Bahija 31.7.06)[136]

Diesen Eindruck machten auch viele der Mitglieder auf mich als teilnehmende Beobachterin: obwohl der Ernst und die Belastungen durch die irreguläre Situation inhaltlich immer präsent sind, wirken die Personen untereinander entspannter, teilweise sehr freundschaftlich im Umgang. Nicht selten hört man sie lachen, was ich als befreiend interpretieren würde. Besonders aufgefallen ist es mir, wenn es darum ging, direkt zu handeln[137] – und Hand anzulegen: beim Verfassen eines Flugblattes, beim Ausdenken von Parolen und beim Singen und Schreien während einer Protestaktion. Sans-Papiers-Kollektive sind deshalb aber noch keine Ge-

---

135 „Ich habe immer gesagt, nichts als der Kampf ... der Kampf wird mehr als das zurückgeben ... Die Berufung zu haben, an Ort und Stelle zu kämpfen, ist eine Art Integrationsbeweis in die französische Gesellschaft und ein Wissen und ein Erkennen dieser Rechte. Unumwunden, ich habe besonders durch den Kampf gelernt. Im Kampf habe ich einfache Leute sowie hohe Persönlichkeiten kennengelernt. Und im Kampf habe ich gelernt, Stopp zur Diskriminierung zu sagen, und ich habe gelernt mit Mut zu sagen, dass es in der Gesellschaft Diskriminierung gibt und dass es Ungerechtigkeit gibt. [...] Ich kann mich an einen Moment erinnern, wo Persönlichkeiten, die Bezirksbürgermeister, die Abgeordneten mir die Hand schüttelten und ‚Guten Tag!' sagten, sobald sie mich sahen. Aber ein einfacher Bürger, ein einfacher Sans-Papiers, der nie in den Kampf involviert war, der wird nicht mal die Chance haben zu wissen, wer er ist."
136 „Ich persönlich habe, als ich Sans-Papiers war, an einem bestimmten Moment vergessen, dass ich Sans-Papiers war. Einfach weil ich an den Aktionen teilnahm, ich die Rechtsberatungen machte. [...] Zu einem gewissen Zeitpunkt ist es mir passiert, dass ich so viele Dossiers hatte. Und dann hat man mich gefragt ‚Und Sie, ihr Dossier, sind Sie nicht Sans-Papiers?' Durch die Tatsache, sich einzubringen, vergisst man für einen gewissen Moment, dass man in dieser Situation ist."
137 Ein Mann meldet sich bei einer der wöchentlichen Versammlungen: „Ne plus parler, débats philos – il faut d'action, d'action, d'action," (9ème 24.7.06) [„Kein Reden mehr, keine philosophischen Debatten – es braucht Aktionen, Aktionen, Aktionen."]

meinschaften, in denen sich absolute „Freiheit" und „Gleichheit" vollziehen würde – keine Gemeinschaften, in denen autonom „vom System" alle Marginalisierten, alle aus dem Outside zu gleichberechtigten politischen AkteurInnen würden.

11.3.4. Sans Papiers, Sans Limites?

Bereits in der ersten Phase großer Mobilisierung von Sans-Papiers hat Diop darauf hingewiesen, wie heterogen die Situationen der Beteiligten sind und dennoch unterstrichen, dass im Verhältnis zur regulären französischen Gesellschaft mit der Forderung nach Regularisierung eine einheitliche Position möglich sei (Diop 1997:114).[138]

Der Umstand, dass die Kollektive nur einen Teil und nicht alle irregulären MigrantInnen in Frankreich repräsentieren (können), zeigt jedoch, dass es sich nicht um einen einzigen politischen Konflikt zwischen regulärem Frankreich und illegalisierten MigrantInnen handelt. Sprachkenntnisse und „savoir faire", zeitliche und personelle Ressourcen, Arbeitsverhältnisse und Gender sind Faktoren, die sich innerhalb wie außerhalb der Kollektive an den irregulären Status koppeln und so auf die Agency des/der Einzelnen auswirken.

Die Interviewten (die alle aus ehemaligen französischen Kolonien kommen), aber auch die Mehrheit der Kollektiv-Mitglieder, mit denen ich bei den verschiedenen Aktionen gesprochen habe, beherrschen fließend Französisch – und hatten spezifische Kenntnisse über das französische politische System und seine Diskurse. Im Kollektiv von Montreuil, in dem sehr viele Personen aus Mali stammen, wurde zwar zwischen Französisch und Sononké übersetzt, sodass sich auch Personen auf Sononké zu Wort melden konnten. Bei größeren Versammlungen und bei Kollektiven, die sich aus vielen verschiedenen Nationalitäten zusammensetzen, dürften die Chancen zu intervenieren ohne Französischkenntnisse aber beschränkt sein. Ein Vergleich mit den Diskussionsformen in Kollektiven, wo es einen höheren Anteil chinesischer und pakistanischer MigrantInnen gibt, ist daher wünschenswert. Zur Repräsentation eines Kollektivs nach außen scheinen Französischkenntnisse jedenfalls Voraussetzung zu sein:

> „C'est pas facile. S'exprimer … les gens qui s'expriment c'est de gens qui représentent le collectif. Puisque dès le départ quand on voit qu'ils sont mandatés c'est parce que c'est des gens qui prennent la parole, qui ont l'habitude de parler, c'est des gens qui peuvent s'exprimer. Tu sais dans le collectif il y a quelques avantages, quoi."
> (Diabé 28.7.06)[139]

---

138 „Notre objectif est toujours aujourd'hui de parvenir à la régularisation de tous. Nos situations sont diverses: célibataires, mariés, demandeurs d'asile, non-demandeurs d'asile. Et nous estimons qu'une position de principe seule est tenable." (Diop 1997:114) [„Unser Ziel ist es auch heute noch, die Regularisierung aller zu erreichen. Unsere Situationen sind verschieden: Alleinstehende, Verheiratete, AsylwerberInnen, Nicht-AsylwerberInnen. Und wir glauben, dass eine einstimmige Position haltbar ist."]

139 „Das ist nicht einfach. Sich zu äußern … die Leute, die sich äußern, das sind die Leute, die das Kollektiv repräsentieren. Denn von Beginn an, wenn man sieht, dass sie beauftragt werden –

Zum Handeln im Kollektiv bedarf es auch zeitlicher Ressourcen, die bei berufstätigen Sans-Papiers schon aufgrund überdurchschnittlich langer Arbeitszeiten stark limitiert sind (9ème 31.7.06, Bourse de Travail 19.7.06, Diabé 28.7.06, La Générale 28.7.06). Angesichts der Doppelbelastung am Arbeitsmarkt und im häuslichen/familiären Bereich gilt dies besonders für Frauen (Châtelet 28.7.06). Da die Zahl weiblicher Mitglieder und deren Rolle in den Kollektiven sehr unterschiedlich ist (Bahija ist Sprecherin des 9ème Collectif, im Büro des 19e ist keine Frau vertreten), ist es nötig, weitere ermöglichende und beschränkende Faktoren für die Anteilnahme in den Kollektiven gender-spezifisch zu untersuchen.
Beschränkungen können sich auch schon rein geographisch ergeben. Im Collectif de Montreuil wurde vom zeitlichen und finanziellen Transportaufwand zwischen Montreuil und Paris gesprochen. Welche Zugangsmöglichkeiten Sans-Papiers in weiter entfernten, nicht per Métro erschlossenen, Orten im Großraum Paris haben und wie sich die Situation in anderen Regionen Frankreichs darstellt, bleibt offen. Angst vor Kontrolle sowie Scham etwa gegenüber den eigenen Kindern wurden als Gründe genannt, warum Personen sich „bis zur letzten Minute" nicht artikulieren (Reda 30.7.06). Es ist anzunehmen, dass sie ebenfalls dazu führen, dass andere es gar nicht tun. Die Sans-Papiers-Kollektive sind also autorisierte Gemeinschaften der „moins irréguliers des irréguliers." (Siméant 1998:434)[140]
Ihre Aktionen wirken dennoch nicht nur in Bezug auf diese „weniger Irregulären" nach innen und auf die reguläre französische Gesellschaft „nach außen". Das zeigten die zustimmenden Meldungen von PassantInnen bei einer Demonstration im an MigrantInnen reichen Viertel Goutte-d'Or (Château Rouge 30.7.06) oder während einem der Interviews die spontane Bekundung eines Kellners, ebenfalls ohne Papiere in Frankreich zu sein (Camara 31.7.06). Diese Reaktionen lassen vermuten, dass durch den öffentlichen Protest ein Teil der irregulären „Versicherung", die die selbst-autorisierten Gemeinschaften der Sans-Papiers darstellen, vom Inneren der Kollektive auch für andere „Verunsicherte" *geäußert* – also nach außen getragen werden kann.

11.3.5. Kollektiv als Gemeinschaftlichkeit

Zur Demokratisierung, die nicht „Anpassung" sondern auch „Aneignung" ist, braucht es nach Autorisierung und Anteilnahme in der vorhandenen Gemeinschaft noch ein drittes Element. In der Kombination, „Freiheit" und „Gleichheit" in Beziehung zueinander zu aktualisieren, kann sich auch eine eigene Idee von „Gemeinschaftlichkeit" autorisieren. Die Verbundenheit, die bei Autorisierung und Anteilnahme Basis für Agency war, wird hier selbst zum Gegenstand des Handelns. Auch „Gemeinschaftlichkeit" wird von Sans-Papiers per Artikulation neu versucht und neu verhandelt. Ein Mitglied des 9ème Collectif hatte an andere

---

dann weil das Leute sind, die das Wort ergreifen, die gewöhnt sind zu sprechen; das sind Leute, die sich ausdrücken können. Weißt du, im Kollektiv gibt es einige Vorteile."
140 „weniger irregulären unter den Irregulären"

Mitglieder appelliert, ihm durch ihre Mobilisierung wieder Mut zu geben. Die Kollektive können auf irreguläre MigrantInnen nicht nur über Regularisierung und ein sicherndes Alarmsystem bestärkend und stabilisierend wirken – sondern auch durch ihre interne Verfassung. In Gesellschaft wird durch Information und persönliche Kontakte die *Illegalität* als eine „condition sociale" verbessert wahrgenommen. Der Zusammenschluss bietet denen „in der ersten Reihe der Prekarisierung" (Bahija 31.7.06) etwas mehr an „Sicherheit".

Als stabilisierende Ordnungen wirken die Kollektive der Sans-Papiers aber auch beschränkend. Nicht alle Sans-Papiers kommen gleich zu Wort. Die Vielheit irregulärer MigrantInnen ist im einzelnen Kollektiv höchstens zum Teil repräsentiert. Sans-Papiers-Kollektive sind aktualisierte Formen politischer Gemeinschaft, deren eigene Demokratisierung nicht abgeschlossen sein kann. Durch Artikulation „nach außen" in die Öffentlichkeit sind sie aber über ihren eigenen Kreis hinaus sichtbar und wirksam und bergen somit in sich selbst wiederum die Möglichkeit, Gegenstand von „Aneignung" zu werden.

12. Conclusio: Citoyen Sans-Papiers

Sans-Papiers produzieren als AkteurInnen in der europäisch-französischen Migrationspolitik „paradoxe Szenen". Während sich in den vergangenen zehn Jahren die diskursive Konstruktion der *Illegalität* ausweitet und verschärft, gewinnen gleichzeitig irreguläre MigrantInnen als politische Subjekte in Frankreich Handlungsmöglichkeiten – weil sie sich den demokratischen Diskurs „aneignen" und damit auch ihre Position und ihre Beziehungen in dem der *Illegalität* verschieben. Diese Agency der Sans-Papiers erklärt sich aus einer diskurstheoretischen Perspektive nach Ernesto Laclau und Chantal Mouffe radikaldemokratisch, und nach Judith Butler und Jacques Rancière performativ: Radikaldemokratisch, weil Sans-Papiers dabei ihre eigene Bedeutung von „Freiheit", „Gleichheit" und „Gemeinschaftlichkeit" artikulieren; und performativ, weil sie durch diese unterschiedlichen Artikulationen ihre politische Mitgliedschaft in der französischen Gesellschaft selbst vollziehen. Die Mitglieder der Kollektive antizipieren also in dieser diskursiven Agency auch Demokratisierung, weil sie sich selbst zu StaatsbürgerInnen autorisieren und „de facto"-Integration ausüben. Darin besteht ihre *Citoyenneté Sans-Papiers* – nicht als eine beurkundete Einrichtung, sondern als Prozess, sie vorab zu verhandeln.

Drei Arten wurden beschrieben, wie die Sans-Papiers von fünf Kollektiven im Großraum Paris die Bedeutung von Demokratie in der Republik der „Freiheit, Gleichheit, Brüderlichkeit" und im „Raum der Freiheit, der Sicherheit und des Rechts" aktualisieren; und wie sie durch diese diskursiven Praxen als politische Subjekte Handlungsmöglichkeiten in der europäisch-französischen Migrationspolitik haben:

1) Sans-Papiers nehmen die beschimpfende und entmenschlichende Zuschreibung „illegal" auf, wiederholen sie variierend und positionieren sich damit als Subjekte. Sie vermitteln ein anderes Bild von MigrantInnen (selbstbestimmt, rechtschaffen, fähig), betonen Aspekte ihrer Lebenswelt jenseits der *Illegalität* (Arbeit, Bildung, Sozialleben) und ihre Bedeutung für die reguläre französische Gesellschaft (Beitrag). Sans-Papiers beziehen sich auf proklamierte republikanische Werte und die Verfassung; erinnern an die „vergessene" koloniale Geschichte der Nation und praktizieren französische Protesttradition. Durch diese Praxen autorisieren sie sich als politische AkteurInnen, eben indem sie sprechen, und definieren ihre „Freiheit"; sie verschieben im Verhältnis dazu die französische politische Ordnung des Denkbaren und Sagbaren und haben dadurch Agency.

Weitere Untersuchungen über diese diskursive Verortung sind wünschenswert: über die Nuancen der Konstruktion *Illegalität* als Zuschreibung; über ihre Bedeutung im internationalen Rechtssystem; über die Legitimation durch Arbeit und Leistung im Verhältnis zu spezifischen ökonomischen Diskursen in Frankreich (Arbeitslosigkeit, Wohlfahrtsstaat); über die Affirmation der „bonne intégration" des französischen Migrationsmodells; über die Bedeutung von Nation für Sans-Papiers aus unterschiedlichen und für Frankreich „neuen" Herkunftsländern und

über die spezifische Bedeutung des französischen Kolonialismus als Voraussetzung für die Mobilisierung von Sans-Papiers.
2) Sans-Papiers wenden sich in ihren Aktionen und Artikulationen direkt an die französische Gesellschaft und ihr institutionalisiertes System, obwohl sie dazu gesetzlich nicht legitimiert sind, und schaffen dadurch eine Teilnahme „Als-ob". Ihre AdressatInnen sind Passantinnen und Passanten im öffentlichen Raum, UnterstützerInnen, Medien, Parteien, Regierungs- und VerwaltungsvertreterInnen auf lokaler, nationaler, supra- und internationaler Ebene. Durch ihre Präsenz üben sie „Gleichheit" mit ihrem Gegenüber aus, eben indem sie dieses Gegenüber ansprechen, und nähern sich an; sie werden zu Interview-, Gesprächs- und manchmal auch VerhandlungspartnerInnen. Durch diese Praxen der Anteilnahme gewinnen sie Agency bis hin zur Regularisierung und verlieren sie damit zugleich als „Sans-Papiers".
Genauere Kenntnisse über diese Teilnahmeprozesse sind nötig: über die Darstellung von Sans-Papiers in Medien und ihre Handlungsmöglichkeiten dabei – speziell jenseits der „Aufmerksamkeitsblase" Paris; über geänderte öffentliche Meinung in Bezug auf irreguläre MigrantInnen; über den Einfluss von UnterstützerInnen auf Form und Inhalt der Aktionen der Sans-Papiers; über die Verhandlungspraxis mit Regierungs- und Verwaltungsinstitutionen auf lokaler Ebene, aber auch zwischen nationaler und lokaler Ebene; und über die Demobilisierung von Sans-Papiers nach deren Regularisierung.
3) In der Sphäre der eigenen Kollektive verbinden sich Autorisierung und Anteilnahme; dort praktizieren Sans-Papiers selbst autorisierte Formen von „Gemeinschaftlichkeit" und teilen dadurch Agency. Die Kollektive vermitteln intern Informationsaustausch, Anerkennung und Selbstbewusstsein, extern erweitern sie zu einem gewissen Grad Bewegungsfreiheit, bieten ein Alarm- und Schutzsystem. Intern und extern sind die Möglichkeiten eines Kollektivs beschränkt und ist die spezifische Verfassung selbst wieder Ausdruck von Beschränkungen. In ihrer Artikulation als *Äußerung* wirken Kollektive aber auch zu einem gewissen Grad über ihre eigenen Räumlichkeiten, Versammlungen und Mitglieder hinaus.
Weitere Fragen ergeben sich bei dieser Praxis der Vergemeinschaftung irregulärer MigrantInnen: nach den Problemen der Kooperation zwischen den einzelnen Kollektiven; nach der Tendenz zu ethnischen Kollektiven; nach Restriktionen durch Sprache, Kenntnisse und Ressourcen; nach den Zugangs- und Handlungsmöglichkeiten von Sans-Papiers in Vororten und in ländlichen Regionen und nach der unterschiedlichen Präsenz und Rolle von Frauen. Um die Bedeutung der Sans-Papiers-Kollektive als Gemeinschaften auch über ihren eigenen Personenkreis hinaus nachvollziehen zu können, muss generell nach den formellen und informellen Beitrittsbedingungen gefragt und mit „AussteigerInnen" und Nicht-Mobilisierten gesprochen werden.
Für ein besseres Verständnis der Agency irregulärer MigrantInnen im spezifisch europäisch-französischen Kontext sind insgesamt die Voraussetzungen für die Aneignung des demokratischen Diskurses genauer herauszuarbeiten: was

Schlüsselbegriffe wie „Freiheit", „Gleichheit", „Sicherheit" und „Recht" im Einzelnen für Sans-Papiers und zwischen den Kollektiven bedeuten und in welchem Verhältnis die Darstellung der französischen Republik in postkolonialen Staaten Afrikas zu den spezifischen Artikulationsweisen der Sans-Papiers steht.
Zugleich ist es wichtig, mehr über die konkreten Praxen der Entdemokratisierung auf Ebene der EU und in Frankreich zu wissen, die der Agency durch demokratische „Aneignung" entgegenstehen: über Aus- und Verlagerung politischer Kompetenz und Entzug demokratischer Kontrolle, über die polizeilichen Praxen der Razzien, in Anhaltezentren und bei Abschiebungen.
Angesichts dieser Entwicklungen stellt die „Flucht nach vorne", die die Mitglieder der Sans-Papiers-Kollektive 9ème, 19e, 20e, Montreuil und Saint-Denis gewählt haben, schließlich eine „Flucht ins Politische" dar. Eine soziale *Bewegung*, bei der sich irreguläre MigrantInnen als Teil einer nicht meisterbaren Gesellschaft artikulieren und gerade darum Agency in ihr gewinnen.

13. Ausblick: Demokratie illegal?

Der Ausgangspunkt in dieser Arbeit waren die Debatten politischer Handlungsfähigkeit unter den Namen *Staatsbürgerschaft* und *Integration*; und im Zeitalter internationaler Migration, die in Europa zunehmend als „illegal" gilt. Diese Debatten haben drei Grundprobleme demokratischer Ordnungen vor Augen geführt: 1) in welchem Verhältnis (Nicht-)Mitglieder und die Struktur der Gemeinschaft stehen (top-down und bottom-up), 2) in welchem Verhältnis „soziale Verhältnisse" und politische Gemeinschaft stehen und wie dieses Verhältnis aktualisiert werden kann (Demokratisierung als „Anpassung" oder „Aneignung") und 3) ob dieses Verhältnis verändert werden kann ohne seine Inhalte und Bedeutung zu verlieren („Freiheit", „Gleichheit", „Gemeinschaftlichkeit").

1) Es wurde gezeigt, dass in Frankreich und der Europäischen Union angesichts pluralisierter Kommunikations- und Transportwege im „Zeitalter der Migration" eine Politik vorherrscht, die das Verhältnis zwischen der Form politischer Gemeinschaft und dem einzelnen Subjekt vollkommen „meistern" will. Der europäisch-französischen Migrationspolitik dienen dabei zwei Mittel: auf Ebene der EU eine expandierende Grenze gegenüber den Eintritten („flows") und auf Ebene Frankreichs eine sich zuspitzende Selektion der Aufenthalte („stocks"). Durch sie werden Bedeutungsunterschiede zwischen Mobilität und Migration, zwischen Mitgliedern und (Nicht-)Mitgliedern produziert. Sie reduzieren die Vielfältigkeit menschlicher Gründe, aufzubrechen und zu bleiben, auf einige wenige Faktoren und Kategorien „legaler" Wanderungsbewegung. Sie verkürzen die lange Geschichte europäischer Beziehungen auf ein Kapitel, das abgeschlossen werden kann. Mit beidem bauen sie schon in ihren Grundideen auf Fehlannahmen auf und konstruieren *Illegalität*.

Diese Illegalisierungs-Strategien allein können Bewegung aber nicht vollkommen aufhalten, solange ein Mindestmaß an Offenheit in einer demokratischen Ordnung gelten soll. MigrantInnen werden durch sie daher weniger umgeleitet als umgedeutet. Die *Illegalität* entsteht mitten in der demokratischen Ordnung und erfüllt ihre Zwecke. Irreguläre MigrantInnen sind die stille Antwort auf Probleme und Widersprüche, die in regulären europäischen Gesellschaftsmodellen ungeklärt sind: durch irreguläre Arbeitsbedingungen und Niedriglohn sichern sie für arbeitskraftintensive Produktionssektoren den Wirtschaftsstandort und im Haushalts- und Pflegebereich den sozialen Zusammenhalt. Die Europäische Union und Frankreich als ihr Mitgliedsstaat grenzen sich gegen ihre *Illegalität* ab, sind aber zugleich funktional abhängig von ihr. Je tiefer diese Abhängigkeit geht, desto größer werden die diskursiven Widersprüche.

2) Es lassen sich drei Wege zeigen, wie die europäisch-französische Ordnung mit diesen Diskrepanzen (zwischen prinzipieller Vielfalt und diskursiver Reduktion, zwischen funktionaler Abhängigkeit und diskursiver Trennung) umgehen kann: Entdemokratisierung, Parademokratisierung sowie Demokratisierung durch „Anpassung" und „Aneignung".

Entdemokratisierung kann genannt werden, wenn sich die europäisch-französische Ordnung von ihrem eigenen demokratischen Diskurs teilweise entbindet und so die Grenze zur *Illegalität* aufrechterhält: internationale Normen werden gelockert, Verantwortung und Kontrollmechanismen ausgelagert und politische Auseinandersetzung von polizeilichen Maßnahmen abgelöst. Unter gesteigertem Gewalteinsatz bleibt die „Handhabe" der Gesellschaft zu einem gewissen Grad möglich. Je weiter Repression aber in die alltägliche Lebenswelt vorrückt, desto mehr Aufmerksamkeit lenkt sie insgesamt auf die Präsenz irregulärer MigrantInnen vor Ort und die Widersprüchlichkeit der Konstruktion.

Parademokratisierung heißt den Demokratiediskurs zu verwenden, um vorhandene Trennungen und Grenzen in neu formuliertem Recht verstärkend zu wiederholen. Deutlich wird dieser Prozess an der Unionsbürgerschaft, die andere Formen von Demokratisierung wie die „citoyenneté locale" verdrängen konnte. Unter Parademokratisierung wäre aber auch die zunehmende Institutionalisierung des Themas Migration ohne Kompetenzerweiterung zu zählen: Die wachsende Zahl von Gremien, Beiräten und Sonderausschüssen, die sich offiziell mit MigrantInnen *beschäftigen* sollen ohne für MigrantInnen Teilhabe und Mitbestimmung im allgemeinen politischen System zu verankern.

Demokratisierung wäre schließlich die offene Auseinandersetzung zwischen einem politischen System und seiner *Illegalität*. Diese kann durch „Anpassung" und „Aneignung" geschehen. Unter „Anpassung" versucht sich die europäisch-französische Migrationsordnung aufrechtzuerhalten, indem sie punktuell Grenzen öffnet, Selektionskriterien lockert und Teile der *Illegalität* vor Ort umdeutet. Grenzen und *Illegalität* ändern sich dabei prinzipiell nicht. Auf Initiative der institutionalisierten europäisch-französischen AkteurInnen mit Migrationskompetenz („von oben/innen") findet sie nur in dem Maß statt, wie sie der funktionalen Beziehung zwischen politischer Gemeinschaft und ihrer *Illegalität* weiterhin dienlich ist. (Zum Beispiel zur Rekrutierung von Arbeitskraft – durch Quotenregelungen für „Schlüsselkräfte" oder Massenregularisierungen in Ländern mit großem unqualifiziertem Dienstleistungssektor wie Tourismus oder Landwirtschaft). „Anpassungen" auf Initiative einer demokratischen Ordnung sind jedenfalls stärker ein Resultat geänderter Funktionalität und Wahrnehmung als geänderter Wirklichkeit. „Anpassung" kann auch aus Verhandlungen zwischen VertreterInnen der europäisch-französischen Migrationsordnung mit irregulären MigrantInnen resultieren. Wie die Sans-Papiers in Frankreich zeigen, sind Regularisierungen auf Initiative („von unten/außen") möglich. In diesen Fällen geht ihnen meist ein aneignender Demokratisierungs-Prozess voraus.

Über Demokratisierung als „Aneignung" kann auch aus der Position des demokratischen Outside verändert werden, wie das Verhältnis zwischen politischer Gemeinschaft und sozialer Wirklichkeit wahrgenommen wird. Der Diskurs der demokratischen Ordnung von „Freiheit", „Gleichheit" und „Gemeinschaftlichkeit" wird dabei aus der *Illegalität* heraus wiederholt: irreguläre MigrantInnen autorisieren sich durch die eigene Artikulation als Subjekte, nehmen in der Ansprache mit den Angesprochenen Anteil und weiten durch ihre „Gemeinschaftlichkeit" die Geltung der in sich selbst begründeten „Freiheit" und „Gleichheit" aus. Durch die Artikulation dieser drei Aneignungen – Autorisierung, Anteilnahme, selbst autorisierte Gemeinschaft – verändern irreguläre MigrantInnen zu einem gewissen Grad auch die demokratische Ordnung diskursiv.

3) Ein drittes Problem politischer Ordnungen, die sich als demokratisch verstehen, hat sich anhand der Agency irregulärer MigrantInnen dargestellt: die Sorge, dass es Inhalt und Zusammenhalt von Demokratie schwäche, wenn sie in ihrer Form und ihrem Geltungskreis verändert würde. An der Politik der Sans-Papiers wurde gezeigt, dass angesichts eines grundsätzlich vielfältigen und pluralen Charakters „der Welt" jegliche Ordnung immer beschränkt ist und beschränkend wirkt. Dass sich die Bedeutung von Demokratie deshalb nicht nur durch ihre interne Verfassung, sondern gerade durch ihre Erneuerung und Erweiterung ergibt. Und dass die Geltung demokratischer Politik nicht mit ihren Grenzen aufhört, sondern gerade bei der Frage der Grenzen beginnt. Die europäisch-französische Migrationspolitik ist geprägt von der Angst, dass bei solchen Veränderungsprozessen Zusammenhalt verloren geht. Im wenig erfolgreichen Versuch, diesen Zusammenhalt auf der einen Ebene unter viel Aufwand durch Paragraphen und „Elitenförderung" neu herzustellen, werden auf der anderen Ebene „völkische" Muster „verlorenen Ursprungs" gestärkt. Auf beiden Ebenen wird dabei versucht, Politik durch Sicherheitsmaßnahmen zu ersetzen – und damit zu beenden. Aus Angst, Zusammenhalt zu verlieren, konzentriert man sich auf vermeintliche Bedrohungen und produziert weiter Angst. Eine Bedeutung von Demokratie scheint dabei jedoch zwischen der Republik der „Freiheit, Gleichheit, Brüderlichkeit" und dem „Raum der Freiheit, der Sicherheit und des Rechts" in Vergessenheit geraten zu sein: die von demokratischer „Gemeinschaftlichkeit". Sie ist hinter den Worten „Brüderlichkeit" und „Sicherheit", die offen für Ausschluss und Institutionalisierung stehen, auch gut versteckt. Ohne ihre Perspektive laufen aber „Freiheit" und „Gleichheit" ins Leere. „Gemeinschaftlichkeit" erhält ihr demokratisches Gesicht ebenfalls durch Ausweitung und Erneuerung – gerade im Prozess der Demokratisierung ist sie aber auch selbstvollziehend. Entgegen aller Sorge wird „Gemeinschaftlichkeit" immer auch ausgeübt, wenn „Freiheit" und „Gleichheit" in Bezug auf jemanden oder etwas gefordert werden. Man muss sich umgekehrt also nicht prinzipiell vor Gemeinschaft fürchten, wenn diese für Aktualisierung offen steht. Diese Einsicht, die radikaldemokratische und performative Diskurstheorien gemeinsam ergeben, wäre vielleicht eine doppelte Antwort auf die gegenwärtigen Demokratie-Sorgen im Zeitalter irregulärer internationaler Migration: für die, die aus Angst, „Gemeinschaftlichkeit" zu verlieren, „Freiheit" und „Gleichheit" beschränken wollen; und für jene, denen aus Angst vor den Gemeinschaften, die dabei entstehen, die „Gemeinschaftlichkeit" selbst in Zweifel geraten ist. Zwischen „Brüderlichkeit" und „Sicherheit" klafft eine Lücke, für die man nicht unbedingt einen neuen Begriff finden muss, weil er sowieso immer streitbar ist und bleiben sollte. Ein Umgang mit dieser Lücke kann aber demokratisch sein,

weil Auseinandersetzung, dort wo sie zugelassen wird, immer Konflikt *und* Bindung heißt. Demokratie kann nicht illegal werden: man kann sie nicht nur vom Papier weg erschaffen und genauso wenig kann man sie per Gesetz verbieten. Vielleicht heißt Demokratie, im Streit über Gemeinschaft Gemeinschaft auszuüben. Vielleicht ist Demokratie dadurch paradox – ansonsten wäre sie aber bedeutungslos. Auch in diesem Sinn sind die Kollektive der Sans-Papiers eine Art „Versicherung".

14. Literatur

ALBRECHT, Hans-Jörg (2006) *Illegalität, Kriminalität und Sicherheit*; in: Alt, J. / Bommes, M. (Hrsg.) Illegalität. Grenzen und Möglichkeiten der Migrationspolitik, VS Verlag für Sozialwissenschaften, Wiesbaden, S.60-80

ALT, Jörg (2003) *Leben in der Schattenwelt. Problemkomplex "illegale Migration". Neue Erkenntnisse zur Lebenssituation 'illegaler' Migranten aus München und anderen Orten Deutschlands*, Loeper, Karlsruhe

ANDERSON, Benedict (1991 [1983]) *Imagined Communities. Reflections on the Origin and Spread of Nationalism,* Verso, London/New York

AUTORINNENKOLLEKTIV (2000) *Ohne Papiere in Europa. Illegalisierung der Migration – Selbstorganisation und Unterstützungsprojekte in Europa [kein Mensch ist illegal]*, Schwarze Risse/Rote Strasse/VLA, Berlin/Hamburg

BADE, Klaus J. (2001) *Die "Festung Europa" und die illegale Migration*; in: Bade, K. J. (Hrsg.) Integration und Illegalität in Deutschland, Rat für Migration in Deutschland e.V., Osnabrück, S.65-75

BADE, Klaus J. (2003) *Legal and Illegal Immigration into Europe: Experiences and Challenges.* NIAS, Wassenaar

BALIBAR, Etienne (1999) *Le droit de cité ou l'apartheid?*; in: Balibar, E. / Chemillier-Gendreau, M. / Costa-Lascoux, J. / Terray, E. (Hrsg.) Sans-papiers: l'archaïsme fatal, La Découverte, Paris, S.89-116

BALIBAR, Etienne (2001) *Nous, citoyens d'Europe? Les frontières, l'Etat, le peuple*, La Découverte, Paris

BALIBAR, Etienne / Chemillier-Gendreau, Monique / Costa-Lascoux, Jacqueline / Terray, Emmanuel (Hrsg.) (1999) *Sans-papiers: l'archaïsme fatal*, La Découverte, Paris

BANCEL, Nicolas / Blanchard, Pascal / Lemaire, Sandrine (2005) *La fracture coloniale: une crise française*; in: Blanchard, P. / Bancel, N. / Lemaire, S. (Hrsg.) La fracture coloniale. La société française au prisme de l'héritage colonial, La Découverte, Paris, S.9-30

BAUBÖCK, Rainer (1994) *Transnational Citizenship. Membership and Rights in International Migration*, Edward Elgar, Aldershot/Brookfield

BAUBÖCK, Rainer / Kraler, Albert / Martiniello, Marco / Perchinig, Bernhard (2006) *Migrants' Citizenship: Legal Status, Rights and Political Participation*; in: Penninx, R. / Berger, M. / Kraal, K. (Hrsg.) The Dynamics of International Migration and Settlement. A State of the Art, Amsterdam University Press, Amsterdam, S.65-99

BIELEFELDT, Heiner (2006) *Menschenrechte 'irregulärer' Migrantinnen und Migranten*; in: Alt, J. / Bommes, M. (Hrsg.) Illegalität. Grenzen und Möglichkeiten der Migrationspolitik, VS Verlag für Sozialwissenschaften, Wiesbaden, S.81-93

BOMMES, Michael (2006) *Illegale Migration in der modernen Gesellschaft - Resultat und Problem der Migrationspolitik europäischer Nationalstaaten*; in: Alt, J. / Bommes, M. (Hrsg.) Illegalität. Grenzen und Möglichkeiten der Migrationspolitik, VS Verlag für Sozialwissenschaften, Wiesbaden, S.95-116

BOMMES, Michael / Morawska, Eva (Hrsg.) (2005) *International Migration Research. Constructions, Omissions and the Promises of Interdisciplinarity*, Ashgate, Aldershot

BRIBOSIA, Emmanuelle / Rea, Andrea (2002) *Les nouvelles migrations: un enjeu européen*, Complexe, Brüssel

BRUN, François (2006) *Les sans-papiers: simple affaire d'humanité ou (aussi) question politique?*; in: Migrations Société, Vol.XVIII, Nr.104, März/April 2006, S.103-120

BUTLER, Judith (1991) *Das Unbehagen der Geschlechter*, Suhrkamp, Frankfurt am Main

BUTLER, Judith (2001) *Psyche der Macht. Das Subjekt der Unterwerfung*, Suhrkamp, Frankfurt am Main

BUTLER, Judith (2005) *Gefährdetes Leben. Politische Essays*, Suhrkamp, Frankfurt am Main

BUTLER, Judith (2006) *Haß spricht. Zur Politik des Performativen*, Suhrkamp, Frankfurt am Main

CASSIN, Barbara (2004) *Vocabulaire européen des philosophies. Dictionnaire des intraduisibles*, Seuil / Le Robert, Paris

CASTLES, Stephen / Miller, Mark J. (1993) *The Age of Migration. International Population Movements in the Modern World*, The Guilford Press, New York

CHOLEWINSKI, Ryszard (2005) *Irregular Migrants: access to minimum social rights*, Council of Europe, Strasbourg

CIMADE (2006a) *Analyse du projet de loi relatif à l'immigration et à l'intégration*, 31.5.2006; http://www.cimade.org/downloads/analyse_loi_mai2006.pdf [10.12.2006]

CIMADE (2006b) *Votre voisin n'a pas de papiers. Paroles d'étrangers*, La Fabrique, Paris

CISSE, Madjiguène (1999) *Parole de sans-papiers*, La Dispute, Paris

CISSE, Madjiguène (2002) *Papiere für alle. Die Bewegung der Sans Papiers in Frankreich*, Assoziation A, Berlin/Hamburg/Göttingen

CORNELIUS, Wayne A. (1982) *Interviewing Undocumented Immigrants: Methodological Reflections based on Fieldwork in Mexico and the U.S.*; in: International Migration Review, Vol.16, Nr.2, S.378-411

CROWLEY, John (2003) *The Spaces and Scales of Citizenship. Some Thoughts on "Locality"*; in: Leveau, R. / Wihtol De Wenden, C. / Mohsen-Finan, K. (Hrsg.) De la citoyenneté locale, ifri, Paris, S.111-126

DANESE, Gaia Lucilla (2000) *Des citoyens "non-nationaux" pour des espaces demultiplies. Organisation collective, interaction sociale et participation politique des immigrés en Espagne et en Italie*, Insitut d'Études Politiques de Paris, Paris

DECOURCELLE, Antoine (2006) *Quelles relations construire entre les associations de défense des étrangers et les collectifs de sans-papiers? L'exemple des réunions de déboutés du droit d'asile*; in: Migrations Société, Vol.18, Nr.104, März/April 2006, S.183-191

DELAUNAY, Daniel (1998) *Le cas français*; in: Delaunay, D. / Tapinos, G. La mesure de la migration clandestine en Europe. Volume 2: rapport des experts, Europäische Kommission 3/1998/E/n°7, Paris

DELAUNAY, Daniel / Tapinos, Georges (1998) *La mesure de la migration en Europe. Volume 1: rapport de synthèse*, Europäische Kommission 3/1998/E/n°7; Paris

DELOUVIN, Patrick (2006) *Droit d'asile: des déboutés en difficulté en France*; in: Migrations Société, Vol.18, Nr.104, März/April 2006, S.155-167

DIOP, Ababacar (1997) *Dans la peau d'un sans-papiers*, Seuil, Paris

DONATI, Paolo R. (2001) *Die Rahmenanalyse politischer Diskurse*; in: Keller, R. / Hirseland, A. / Schneider, W. / Viehöver, W. (Hrsg.) Handbuch Sozialwissenschaftliche Diskursanalyse. Band 1: Theorien und Methoden, Leske + Budrich, Opladen, S.145-175

ECRI European Commission Against Racism and Intolerance (2005) *Third Report on France*, 15.2.2005, Council of Europe, Strasbourg

EICHENHOFER, Eberhard (1999) *Einleitung: Illegale Einreise, illegaler Aufenthalt und illegale Beschäftigung als Fragen der Migrationsforschung*; in: Eichenhofer, E. (Hrsg.) Migration und Illegalität, Rasch, Osnabrück, S.11-25

ENGBERSEN, Godfried (1999) *The Undocumented Outsider Class: Illegal Immigrants in Rotterdam*; in: Eichenhofer, E. (Hrsg.) Migration und Illegalität, Rasch, Osnabrück, S.213-231

ENGLER, Marcus (2005) *Länderprofil Frankreich*; in: focus Migration, Nr.2, April 2005, http://www.focus-migration.de/typo3_upload/groups/3/focus_Migration_Publikationen/ Laenderprofile/LP02_Frankreich.pdf [12.12.2006]

EUROPÄISCHES BÜRGERFORUM / CEDRI (2004) *Bittere Ernte. Die moderne Sklaverei in der industriellen Landwirtschaft Europas*, Eigenverlag, Basel

FASSIN, Didier / Morice, Alain (2001) *Les épreuves de l'irrégularité: les sans-papiers, entre déni d'existence et reconquête d'un statut*; in: Schnapper, D. (Hrsg.) Exclusions au coeur de la cité, Anthropos, Paris, S.261-309

FAVELL, Adrian (2005) *Integration Nations: The Nation-State and Research on Immigrants in Western Europe*; in: Bommes, M. / Morawska, E. (Hrsg.) International Migration Research. Constructions, Omissions and the Promises of Interdisciplinarity, Ashgate, Aldershot, S.41-67

FERMIN, Alfons / Kjellstrand, Sara (2005) *Study on Immigration, Integration and Social Cohesion*, European Commission Employment and Social Affairs DG 21.10.2005, http://ec.europa.eu/employment_social/social_situation/docs/ vc04_171_immigration_report.pdf [12.12.2006]

GARCIA-JOURDAN, Sophie (2004) *L'Union Européenne face à l'immigration*, Fondation Robert Schuman, Paris

GEISSER, Vincent (2003) *Citoyenneté, localité et ethnicité: nouveau triptyque identitaire chez les jeunes Français? Enquête sur les lycéens marseillais*; in: Leveau, R. / Wihtol De Wenden, C. / Mohsen-Finan, K. (Hrsg.) De la citoyenneté locale, ifri, Paris, S.15-33

GEISSER, Vincent (2006) *Les caricatures françaises du droit d'asile ou la fin d'une "utopie divine"*; in: Migrations Société, Vol.XVIII, Nr.104, März/April 2006, S.3-16

GINTZBURGER, Anne / Réseau Éducation Sans Frontières (2006) *Écoliers, vos papiers!*, Flammarion, Paris

GOVE, Philip Babcock (1993) *Webster's Third New International Dictionary* Merriam-Webster, Chicago u.a.

HAMMAR, Tomas (1990) *Democracy and the Nation State. Aliens, Denizens and Citizens in a World of International Migration*, Avebury, Aldershot

HAMMAR, Tomas (1994) *Legal Time of Residence and the Status of Immigrants*; in: Baubäck, R. (Hrsg.) From Aliens to Citizens. Redefining the Status of Immigrants in Europe, Avebury, Aldershot, S.187-197

HARRIS, Nigel (1995) *The New Untouchables. Immigration and the New World Worker.*, I.B. Tauris, London/New York

HARRIS, Nigel (2002) *Thinking the Unthinkable. The Immigration Myth Exposed*, I.B. Tauris, London/New York

HEYMAN, Joshua McC. (1999) *States and Illegal Practices*, Berg, Oxford/New York

HIRSELAND, Andreas / Schneider, Werner (2001) *Wahrheit, Ideologie und Diskurse. Zum Verhältnis von Diskursanalyse und Ideologiekritik*; in: Keller, R. / Hirseland, A. / Schneider, W. / Viehöver, W. (Hrsg.) Handbuch Sozialwissenschaftliche Diskursanalyse. Band 1: Theorien und Methoden, Leske + Budrich, Opladen, S.373-402

HITZLER, Ronald / Honer, Anne (1991) *Qualitative Verfahren zur Lebensweltanalyse*; in: Flick, U. / Kardorff, E. V. / Keupp, H. / Rosenstiel, L. V. / Wolff, S. (Hrsg.) Handbuch Qualitative Sozialforschung. Grundlagen, Konzepte, Methoden und Anwendungen, Psychologie Verlags Union, München S.382-385

JORDAN, Bill (1999) *Undocumented Brazilian Workers in London: Identities, Decisions, and Strategies*; in: Eichenhofer, E. (Hrsg.) Migration und Illegalität, Rasch, Osnabrück, S.177-193

JORDAN, Bill / Düvell, Franck (2002) *Irregular Migration. The Dilemmas of Transnational Mobility*, Edward Elgar, Cheltenham, UK/Northampton, USA

KASTORYANO, Riva (2002) *Citizenship: Beyond Blood and Soil*; in: Leveau, R. / Mohsen-Finan, K. / Wihtol De Wenden, C. (Hrsg.) New European Identity and Citizenship, Ashgate, Burlington, S.101-116

KELLER, Reiner / Hirseland, Andreas / Schneider, Werner / Viehöver, Willy (2001) *Zur Aktualität sozialwissenschaftlicher Diskursanalyse - Eine Einführung*; in: Keller, R. / Hirseland, A. / Schneider, W. / Viehöver, W. (Hrsg.) Handbuch Sozialwissenschaftliche Diskursanalyse. Band 1: Theorien und Methoden, Leske + Budrich, Opladen, S.7-27

LACLAU, Ernesto (1990) *New Reflections on The Revolution of Our Time*, Verso, London/New York

LACLAU, Ernesto / Mouffe, Chantal (1990) *Post-Marxism without Apologies*; in: Laclau, E. New Reflections on The Revolution of Our Time, Verso, London/New York, S.97-132

LACLAU, Ernesto / Mouffe, Chantal (2000 [1991]) *Hegemonie und radikale Demokratie. Zur Dekonstruktion des Marxismus*, Passagen, Wien

LE GALL, Catherine / Remy, Jacqueline (2006) *"Je ne veux plus trier les réfugiés"*; in: L'Express, 19.1.2006

LEDERER, Harald W. (1999) *Typologie und Statistik illegaler Zuwanderung nach Deutschland*; in: Eichenhofer, E. (Hrsg.) Migration und Illegalität, Rasch, Osnabrück, S.53-70

LEVEAU, Rémy / Wihtol de Wenden, Catherine / Mohsen-Finan, Khadija (Hrsg.) (2001) *Nouvelles citoyennetés: réfugiés et sans-papiers dans l'espace européen*, ifri, Paris

LEVEAU, Rémy / Wihtol de Wenden, Catherine / Mohsen-Finan, Khadija (Hrsg.) (2003) *De la citoyenneté locale*, ifri, Paris

LEVINSON, Amanda (2005) *Why Countries Continue to Consider Regularization*; in: Migration Information Source, 1.9.2005; http://www.migrationinformation.org/Feature/display.cfm?ID=330 [9.12.2006]

LOCHAK, Danièle (2002) *La politique d'immigration en France et l'évolution de la législation*; in: Bribosia, E. / Rea, A. (Hrsg.) Les nouvelles migrations: un enjeu européen, Complexes, Brüssel, S.207-231

MARIE, Claude-Valentin (2004) *Preventing Illegal Immigration: Juggling Economic Imperatives, Political Risks and Individual Rights*, Council of Europe, Strasbourg

MARIN, Luca (2006) *Gêner pour exister*; in: Migrations Société, Vol.18, Nr.104, März/April 2006, S.121-147

MARTINIELLO, Marco (1994) *Citizenship of the European Union. A Critical View*; in: Bauböck, R. (Hrsg.) From Aliens to Citizens. Redefining the Status of Immigrants in Europe, Avebury, Aldershot

MARSHALL, Thomas H. (1977) *Class, Citizenship, and Social Development*, The University of Chicago Press, Chicago/London

MBEMBE, Achille (2005) *La République et l'impensé de la "race"*; in: Blanchard, P. / Bancel, N. / Lemaire, S. (Hrsg.) La fracture coloniale. La société française au prisme de l'héritage colonial, La Découverte, Paris, S.139-154

MBOUP, Mourtala (2001) *Analyse comparative des politiques publiques d'immigration en Europe: France, Grand-Bretagne, Suède, Italie*; in: Perregaux, C. / Ogay, T. / Leanza, Y. / Dasen, P. (Hrsg.) Intégrations et migrations. Regards pluridisciplinaires, L'Harmattan, Paris, S.113-140

MIGREUROP (2006) *Le livre noire de Ceuta et Melilla*, Juni 2006; http://www.migreurop.org/IMG/pdf/livrenoir-ceuta.pdf [15.12.2006]

MOULIER BOUTANG, Yann (1997) *De l'esclavage au salariat: économie historique du salariat bridé*, Institut d'Études Politiques, Paris

MOULIER BOUTANG, Yann (2002) *L'avenir des migrations vers l'Europe: changer de système migratoire et de paradigme*; in: Bribosia, E. / Rea, A. (Hrsg.) Les nouvelles migrations: un enjeu européen, Complexe, Brüssel, S.75-91

MÜNZ, Rainer / Alscher, Stefan / Özcan, Veysel (2001) *Leben in der Illegalität*; in: Bade, K. J. (Hrsg.) Integration und Illegalität in Deutschland, Rat für Migration in Deutschland e.V., Osnabrück, S.77-90

MURPHY, Kara (2006) *France's New Law: Control Immigration Flows, Court the Highly Skilled*; in: Migration Information Source, 1.11.2006; http://www.migrationinformation.org/Feature/display.cfm?id=486 [5.11.2006]

NOHLEN, Dieter / Kriz, Jürgen (1994) *Lexikon der Politik. Band 2: Politikwissenschaftliche Methoden*, C.H. Beck, München

NOHLEN, Dieter / Kriz, Jürgen (1994) *Lexikon der Politik. Band 7: Politische Begriffe*, C.H. Beck, München

NOWOTNY, Stefan (2005a) Sans-Papiers: Extremzonen der Prekarität; in: kulturrisse, Nr.02/2005; http://igkultur.at/igkultur/kulturrisse/1114329221/1114511385 [11.11.2006]

NOWOTNY, Stefan (2005b) *Klandestine Öffentlichkeit*; in: transversal, Nr.06/2005; http://eipcp.net/transversal/0605/nowotny/de [17.10.2006]

NUSCHELER, Franz (2004 [1995]) *Internationale Migration. Flucht und Asyl*, VS Verlag für Sozialwissenschaften, Wiesbaden

PECOUD, Antoine / Guchteneire, Paul de (2005) *Migration without borders: an investigation into the free movement of people*, Global Migration Perspectives No. 27, April 2005, Global Commission on International Migration, Genf

PEERS, Steve (2006) *Key Legislative Developments on Migration in the European Union*; in: European Journal of Migration and Law, Vol.8, 2006, S.97-114

POELEMANS, Maiténa / Sèze, Sophie de (2000) *The Regularisation of Clandestine Immigrants in France*; in: European Journal of Migration and Law, Vol.2, 2000, S.309–336

RANCIERE, Jacques (1995) *La Mésentente. Politique et philosophie*, Éditions Galilée, Paris

RANCIERE, Jacques (2002) *Das Unvernehmen. Politik und Philosophie*, Suhrkamp, Frankfurt am Main

RANCIERE, Jacques (2005) *La haine de la démocratie*, La Fabrique, Paris

RITTER, Joachim / Gründer, Karlfried (1989) *Historisches Wörterbuch der Philosophie*, Schwabe & Co. AG, Basel

SAMERS, Michael (2004) *An Emerging Geopolitics of 'Illegal' Immigration in the European Union*; in: European Journal of Migration and Law, Vol.6, Nr.1, S.27-45

SASSEN, Saskia (1999) *Guests and Aliens*, The New Press, New York

SASSEN, Saskia (2006) *The Bits of a New Immigration Reality: A Bad Fit with Current Policy*; in: Border Battles. The U.S. Immigration Debates, 28.7.2006; http://borderbattles.ssrc.org/Sassen/printable.html [3.11.2006]

SCHWAB-TRAPP, Michael (2001) *Diskurs als soziologisches Konzept. Bausteine für eine soziologisch orientierte Diskursanalyse*; in: Keller, R. / Hirseland, A. / Schneider, W. / Viehöver, W. (Hrsg.) Handbuch Sozialwissenschaftlicher Diskursanalyse, Leske + Budrich, Opladen, S.261-283

SIMÉANT, Johanna (1998) *La cause des sans-papiers*, Presse de Sciences Po, Paris

SIMON, Patrick (2005) *La République face à la diversité: comment décoloniser les imaginaires?*; in: Blanchard, P. / Bancel, N. / Lemaire, S. (Hrsg.) La fracture coloniale. La société française au prisme de l'héritage colonial, La Découverte, Paris, S.237-246

SMITH, Anna Marie (1998) *Laclau and Mouffe. The Radical Democratic Imaginary*, Routledge, London/New York

TASSIN, Etienne (1992) *Europe: A Political Community?*; in: Mouffe, C. (Hrsg.) Dimensions of Radical Democracy. Pluralism, Citizenship, Community, Verso, London/New York, S.169-192

TAVAN, Chloé (2005) *Les immigrés en France: une situation qui évolue*, INSEE, N°1042, September 2005, Paris

TERRAY, Emmanuel (1999) *Les travail des étrangers en situation irrégulière ou la délocalisation sur place*; in: Balibar, E. / Chemillier-Gendreau, M. / Costa-Lascoux, J. / Terray, E. (Hrsg.) Sans-papiers: l'archaïsme fatal, La Découverte, Paris, S.9-34

TERRAY, Emmanuel (2001) *La régularisation de 1997 en France*; in: Leveau, R. / Wihtol De Wenden, C. / Mohsen-Finan, K. (Hrsg.) Nouvelles citoyennetés: réfugiés et sans-papiers dans l'espace européen, ifri, Paris S.65-66

TERRAY, Emmanuel (2006) *Saint-Bernard, un bilan: dix ans après...* in: Migrations Société, Vol.18, Nr.104, März/April 2006, S.91-102

THOLEN, Berry (2005) *The Europeanisation of Migration Policy – The Normative Issues*; in: European Journal of Migration and Law, Vol.6, 2005, S.323–351

TORFING, Jacob (1999) *New Theories of Discourse. Laclau, Mouffe and Žižek.*, Blackwell, Oxford/Malden, Massachusetts

UNITED NATIONS (2006a) *International Migration*, Department of Economic and Social Affairs, Population Division; http://www.un.org/esa/population/publications/2006Migration_Chart/Migration2006.pdf [15.12.2006]

UNITED NATIONS (2006b) *International Migration and Development*. United Nations General Assembly A/60/871, 18.5.2006; http://www.un.org/esa/population/hldmigration/Text/Report%20of%20the%20SG%28June%2006%29_English.pdf [15.12.2006]

VAN DER LEUN, Joanne (2003) *Looking for Loopholes. Processes of Incorporation of Illegal Immigrants in the Netherlands*, Amsterdam University Press, Amsterdam

WIHTOL DE WENDEN, Catherine (1994) *Citizenship and Nationality in France*; in: Bauböck, R. (Hrsg.) From Aliens to Citizens. Redefining the Status of Immigrants in Europe, Avebury, Aldershot, S.85-93

WIHTOL DE WENDEN, Catherine (1998) *Changing Representations of the Other in France: The Mirror of Migration*; in: Bauböck, R. / Rundell, J. (Hrsg.) Blurred Boundaries: Migration, Ethnicity, Citizenship, Ashgate, Aldershot u.a., S.85-93

WIHTOL DE WENDEN, Catherine (1999) *L'immigration en Europe*, La documentation française, Paris

WIHTOL DE WENDEN, Catherine (2001) *La politique française de régularisation des sans-papiers*; in: Leveau, R. / Wihtol De Wenden, C. / Mohsen-Finan, K. (Hrsg.) Nouvelles citoyennetés: réfugiés et sans-papiers dans l'espace européen, ifri, Paris, S.63-70

WIHTOL DE WENDEN, Catherine (2002) *European Citizenship and Migration*; in: Leveau, R., Mohsen-Finan, K. / Wihtol de Wenden, C. (Hrsg.) New European Identity and Citizenship, Ashgate, Burlington, S.79-99

WODAK, Ruth / Puntscher Riekmann, Sonja (2003) *"Europe for All" - diskursive Konstruktionen europäischer Identitäten*; in: Mokre, M. / Weiss, G. / Bauböck, R. (Hrsg.) Europas Identitäten. Mythen, Konflikte, Konstruktionen, Campus, Frankfurt am Main, S.283-303

14.1. Websites und digitale Publikationen

Medien
- Le Figaro http://www.lefigaro.fr
- Le Monde http://www.lemonde.fr
- Libération http://www.liberation.fr

Mailinglisten / Newsletter
- „Migration Policy": Migration Policy Institute, http://www.migrationpolicy.org
- „Migration und Bevölkerung": focus Migration, http://www.focus-migration.de
- „Multitudes-Infos": Multitudes, http://multitudes.samizdat.net
- „PICUM Newsletter": Platform for International Cooperation on Undocumented Migrants, http://www.picum.org
- „Zpajol": Pajol, http://pajol.eu.org

Regierungsorganisationen und -dokumentationsseiten
- Europäische Kommission Justiz und Inneres http://ec.europa.eu/justice_home
- Französische Regierung http://www.premier-ministre.gouv.fr
- Französisches Innenministerium http://www.interieur.gouv.fr
- IOM International Organization for Migration http://www.iom.int
- OFPRA Office Français de Protection de Réfugiés et Apatrides http://www.ofpra.gouv.fr
- Organisation for Economic Co-operation and Development http://www.oecd.org
- United Nations Economic and Social Council http://www.un.org/docs/ecosoc
- United Nations High Commissioner for Human Rights http://www.ohchr.org
- United Nations High Commissioner for Refugees http://www.unhcr.org
- Vie Publique, La Documentation Française http://www.vie-publique.fr

Sans-Papiers-Kollektive und Unterstützungsgruppen
- 9ème Collectif http://groups.msn.com/9emecollectif
- Amnesty International France http://www.amnesty.fr
- ANAFE Association Nationale d'Assistance aux Frontières pour les Etrangers http://www.anafe.org
- CIMADE Service oecuménique d'entreraide http://www.cimade.org
- Collectif de Montreuil pour le Droit de Sans Papiers http://cspmontreuil.1et0.org
- FASTI Fédération des Associations de Solidarité avec les Travailleurs Immigrés http://www.fasti.org
- GISTI Groupe d'Information et de Soutien des Immigrés http://www.gisti.org
- Migreurop http://www.migreurop.org
- MRAP Mouvement contre le Racisme et pour l'Amitié entre les Peuples http://www.mrap.asso.fr
- RESF Réseau Education Sans Frontières http://www.educationsansfrontieres.org
- Uni(e)s Contre une Immigration Jettable http://www.contreimmigrationjetable.org
- United for Intercultural Action http://www.united.non-profit.nl

ANHANG

A. Verzeichnis Teilnehmende Beobachtung

- Basilique de St-Denis 21.7.2006: Kundgebung St-Denis. Eintragen in Listen, Pressekonferenz
- Bourse de Travail 19.7.2006: Réunion Montreuil. Vorbereitungen für Demonstration mit VertreterInnen von Montreuil, St-Denis, ALIF
- Charonne 24.7.2006: Réunion 9ème. Wöchentliches Plenum
- Charonne 31.7.2006: Réunion 9ème. Wöchentliches Plenum
- Château Rouge 30.7.2006: Demonstration 9ème. Route: Château Rouge nach Belleville, Themen: Razzien, Abschiebungen, Schubhaft
- Châtelet 28.7.2006: Rassemblement 19e. Öffentliche Kundgebung
- ENSBA 15.3.2006: Débat Contre-Conférence. Diskussion mit Vertretern des 9ème und Montreuil
- HALDE 17.7.2006: Rassemblement. Protestkundgebung mehrerer Kollektive und des RESF
- Hôtel Centenaire 23.7.2006: Atelier de Travail Montreuil. Vorbereitungen für Demonstration
- Hôtel Centenaire 28.7.2006: Réunion Montreuil. Vorbereitungen für Demonstration
- La Générale 22.7.2006: Réunion 19e. Wöchentliches Plenum
- La Générale 29.7.2006 Réunion 19e. Wöchentliches Plenum
- Mairie 20e 31.5.2006: Système de Parrainages. VertreterInnen von 20e, Montreuil, RESF
- St-Denis 20.7.2006: Protestkundgebung 9ème. Thema: Arbeitsunfall auf Baustelle von Bouygues, spontane Unterstützung für abzuschiebende Familie vor der Mairie St.Ouen, Teilnahme an Besprechung mit Bezirksvertreterin

B. Verzeichnis Interviews

- Adama 29.7.2006: 19e, MacDo Pyrénnées
- Ali 27.7.2006: St-Denis, Appartement St-Denis
- Bahija 31.7.2006: 9ème, Café St.Michel
- Camara 31.7.2006: Montreuil, Café Montreuil
- Diabé 28.7.2006: Montreuil, Résidence Montreuil
- Kébé 28.7.2006: Montreuil, Résidence Montreuil
- Noria 31.7.2006: Montreuil, Café Montreuil
- Reda 30.7.2006: 20e, Hôtel Rénnuis

C. Grenzen der Illegalität in Europa 1985-2006

Grenzlinie: „Drittstaaten" (1985-1997)
- Definition von europäischen Grenzen gegenüber „Drittstaaten": Unterscheidung von Freizügigkeit als Mobilität nach innen und Migration von außen.
- Beginn der Wahrnehmung von Migrationspolitik als gemeinschaftliches Interesse: Informationsaustausch über „illegale" Einreise und Aufenthalt, Fälschung von Dokumenten, Austausch von Rückführungs- und Abschiebepraxen
- Begrenzung neuer Immigration durch Drittstaatenregelgung, Flugliniensanktionen, Visa-Zwang für die hundert wichtigsten Herkunftsländer von AsylwerberInnen

Dokumente
- Schengen-Abkommen (1985): Abbau von Kontrollen innerhalb gemeinsamer Staatsgrenzen, Definition von Reise- und Aufenthaltsrechten von Drittstaatsangehörigen
- Einheitliche Europäische Akte (1987) Grundfreiheiten für Waren, Personen, Dienstleistungen und Kapital
- Schengen-Zusatzabkommen „Schengen II" (1990): „ergänzende Maßnahmen zur inneren Sicherheit"
- Dublin I (1990): Bindende Wirkung eines Asylentscheids in einem Mitgliedsstaat für alle anderen
- Vertrag zur Gründung der Europäischen Gemeinschaft „Maastricht-Vertrag" (1992): Titel VI, Art. K1 Migrationsfragen werden „Angelegenheiten von gemeinsamem Interesse", Art. 63 Abs. 3b Kompetenzen für irreguläre Migration

Raum: „Festung Europa" (1997-2001)
- Vergemeinschaftung europäischer Migrationspolitik
- Definition eines Rechtsraumes der Mobilität, in dem die Gleichbehandlung regulärer MigrantInnen gefördert werden soll und von dem irreguläre MigrantInnen grundrechtlich ausgeschlossen sind
- Beginn Maßnahmen gegen irreguläre Migration in bilateralen Abkommen mit Drittstaaten zu verankern

Dokumente
- Vertrag von Amsterdam (1997) „Raum der Freiheit, der Sicherheit und des Rechts": Titel IV Immigration, Asyl, Visa, Bewegungsfreiheit unter Gemeinschaftskompetenz (prinzipiell qualifizierte Mehrheit, bei Asylfragen bleibt Einstimmigkeitsprinzip)
- Europäischer Rat von Tampere (15./16.10.1999) Vier Grundlinien harmonisierter Einwanderungs- und Asylpolitik: Kooperation mit Herkunftsländern, Asylpolitik, Gleichbehandlung für „legale" MigrantInnen, Migrationsmanagement
- Charta der Grundrechte der Europäischen Union (2000): schützt irreguläre MigrantInnen ungeachtet anderer Artikel nur bei „ernsthaftem Risiko" von Todesstrafe oder Folter vor Abschiebung

Territorium: „Geopolitik der Illegalität"(2001-2006)
- Weitere Harmonisierung der Immigrationspolitik, 2005 erstmals Mehrheit der Beschlüsse zu irregulärer Migration und Asyl mit qualifizierter Mehrheit verabschiedet
- Gemeinsame Charter-Abschiebungen, Erhöhung der Visa-Gebühren, „Cross border actions" über Seegrenzen (2003)
- Vor- und Auslagerung der Politik gegen irreguläre Migration: „präventive" und „proaktive Immigrationspolitik"; Verankerung in Assoziations- und Kooperationsabkommen: PHARE, MEDA, CARDS, TACIS, Cotonou

Dokumente
- Europäischer Rat von Laeken (14./15.12.2001): fordert Aktionsplan gegen irreguläre Migration
- Mitteilung der Kommission an den Rat und das Europäische Parlament über eine gemeinsame Politik auf dem Gebiet der „illegalen" Einwanderung (15.11.2001): verstärkt bilaterale Programme
- Europäischer Rat von Sevilla (21./22.6.2002): globaler Aktionsplan gegen irreguläre Migration „absolute Priorität", Klauseln in Abkommen mit Drittstaaten
- Dublin II (18.2.2003) „one stop shop"-Prinzip: Asylantrag muss im ersten Land gestellt werden, über das in die EU eingereist wird, AsylwerberInnen sind in dieses Land zu überstellen
- „Santiago Action Plan" (28.2.2002): „Maßnahmen im Grenzvorbereich" und Rückübernahmeabkommen
- Haager Programm (5.11.2004) Fünfjahresprogramm (2005-2010) „externe Dimension von Asyl und Zuwanderung"

Quellen: Bade 2001, Fermin/Kjellstrand 2005, Garcia-Jourdan 2004, Marie 2004, Nuscheler 2004 [1995], Samers 2004, Tholen 2005, Wihtol de Wenden 1999; „Migration und Bevölkerung", PICUM

D. Selektion von Illegalität in Frankreich 1974-2006

Arbeitsmarkt: „Fermeture des Frontières" (1974-1986)
- Staatssekretär Paul Dijoud formuliert 1976 „neue Immigrationspolitik": Stopp der Arbeitsmigration, verstärkte Grenzkontrollen, Einführung von Visa-Pflicht für ehemalige Kolonien, die bis dahin davon befreit waren
- beginnende Reduktion von bereits in Frankreich befindlichen MigrantInnen: finanzielle Rückkehrhilfen, Nicht-Verlängerung von Aufenthalts- und Arbeitsgenehmigungen, Abschiebungen
- Integration anwesender MigrantInnen als öffentliche Aufgabe: „carte de résident" nicht nur für Arbeitskräfte (wesentliche Forderung der Beurs-Bewegung) sektorale Regularisierungswellen

Dokumente
- Circulaire (5.7.1974): offizielles Ende der Arbeitsmigration
- Loi n°80-9 (10.1.1980) „Loi Bonnet": irreguläre Einreise oder Aufenthalt können zur Abschiebung führen; erstmals können MigrantInnen davor inhaftiert werden
- Loi n°81-973 (29.10.1981): Regelung der Kriterien und Konditionen für Abschiebungen: bei Verurteilung zu einer Freiheitsstrafe von mindestens einem Jahr oder Gefährdung der öffentlichen Sicherheit; Schutz von Minderjährigen und Personen mit familiären Bindungen
- Loi n°84-622 (17.7.1984): automatisch erneuerbare „carte de résident" für zehn Jahre wird eingeführt; berechtigt zu Arbeit und Aufenthalt

Sicherheit: „L'Ordre Public" (1986-1997)
- Präzisierung der Abschiebepolitik Ende der 1980er Jahre unter „humanen" Kriterien
- Aufenthaltstitel werden an „absence de trouble à l'ordre public" und an vorherigen regulären Aufenthalt gebunden; weitere Beschränkungen von Familiennachzug und Asyl schaffen neue Kategorien von irregulären, nicht abschiebbaren MigrantInnen „ni expulsables, ni régularisables"; Pasqua definiert Ziel „immigration zéro"
- Implementierung von Schengen: Schaffung von internationalen Wartezonen; Einführung von Charter-Abschiebungen; Verantwortlichmachung von Transportgesellschaften; Erweiterung von Kontrollbefugnissen und Datenerfassung; verstärkte Kontrollen in Privatsphäre (Unterkunft, Besuche, Ehe)
- Beginn Aufenthaltstitel an Lebensführung zu koppeln; regulärer Aufenthalt wird Bedingung für Sozialleistungen

Dokumente
- Loi n°86-1025 (9.9.1986) „Loi Pasqua I": Begründungspflicht für Visa-Abweisung fällt, Abschiebungen werden Kompetenz der Bezirksämter und auch gegen Einspruch möglich
- Loi n°89-548 (2.8.1989) „Loi Joxe": Rechtssicherheit wird an Aufenthaltskarte geknüpft
- Loi n°90-34 (10.1.1990): Einführung einer Berufungsinstanz gegen Abschiebungen
- Loi n°92-190 (19.2.1992) „Loi Marchand": Implementierung von Schengen-Regelungen – finanzielle Haftung von Fluglinien, Bus-, Bahn- und Schiffsbetreiber
- Loi n°92-625 (2.7.1992) „Loi Quilès": „Wartezonen"-Regelung auf Häfen und Flughäfen
- Loi n°93-1027 (24.8.1993) / n°93-1417 (30.12.1993) „Lois Pasqua II": Implementierung von Schengen-Reglungen und Dublin-Abkommen im Bereich Asyl; Einführung „Interdiction du Territoire Français" für eigentlich vor Schubhaft geschützte Personen im Fall der Störung öffentlicher Ordnung; Verlängerung der Schubhaftdauer; Kompetenz-Verlagerung von Gerichten zu Bezirksämtern; Einführung „certificat d'hérbergement", strengere Prüfung von Ehen mit Drittstaatsangehörigen; „carte de résident" nicht an StudentInnen und Polygame; Sozialhilfe wird an regulären Aufenthalt geknüpft
- Loi n°97-396 (24.4.1997) „Loi Debré": Verschärfung der „Lois Pasqua"

Gemeinschaft: „La Bonne Intégration" (1997-2006)
- anfängliche Lockerung der „Nullmigrations-Politik" und Verankerung von Regularisierungsmöglichkeit unter familiären und „humanitären" Gesichtspunkten; seit 2002 wieder Verschärfungen von Asylrecht, Familienzusammenführung und Einreisebeschränkungen
- „certificat d'hérbergement" fällt, Beihilfe zur irregulären Migration wird stärker bestraft
- Reglementierung aller Migrationsarten nach Selektionskriterien „immigration choisie" gegenüber „immigration subie" (Familiennachzug, Asyl, Arbeit, irreguläre Migration); Regularisierungsmöglichkeiten werden beschränkt, Abschiebungen steigen
- Anpassungsleistung in Form von „intégration" und „insertion" wird zur Bedingung für Aufenthaltstitel

Dokumente
- Loi n°98-349 (11.5.1998) „Loi Chevènement": „Humanisierung" der Politik von Debré und Pasqua: Begründungspflicht bei Visa-Ablehnung; Einführung von territorialem Asyl bei Lebensgefahr im Herkunftsland und für Schwerkranke; spezielle Aufenthaltstitel für Wissenschaft, Kunst, Pension, Privat- und Familienleben; Erleichterungen für Familiennachwuchs und internationale Ehen (besonders wenn Einkommen über Mindestlohn); Regularisierungsmöglichkeit nach zehn Jahren Aufenthalt in Frankreich wird für Personen mit persönlichen und familiären Bindungen eingeführt; Rückzug des „certificat d'hébergement", 10 Jahre Haftstrafe und Geldstrafen von 5 Mio. Francs für organisierte Hilfe bei irregulärer Einreise und Aufenthalt; Einspruchsmöglichkeit bei Abschiebungen und zugleich Verwaltungsstrafhaft verlängert
- Loi n°2003-1119 (26.11.2003) „Loi Sarkozy": Einführung von „Integrationsverträgen" als Bedingung für mehrjährige Aufenthaltstitel
- Loi n°2006-911 (24.7.2006) CESEDA: Gegenüberstellung „immigration choisie" – „immigration subie" (Familiennachzug, Asyl, Arbeit, irreguläre Migration): Beschränkung von Asyl und Familienzusammenführung; Einführung von Integrationsnachweisen auch für Familiennachzug und temporäre Aufenthaltstitel; Asyl für Schwerkranke limitiert; Beschränkung von Regularisierungsmöglichkeiten: 10-Jahres-Regel durch Bezirksamt fällt, Schaffung einer nationalen Regularisierungskommission

Quellen: CIMADE 2006a, Engler 2005, Lochak 2002, Mboup 2001, Wihtol de Wenden 1999

E. Anpassung von Illegalität: Frankreichs Regularisierungkampagnen

Jahr	Form/Dokument	Zahl der Regularisierten	Legitimation
1973	Circulaire (13.6.1973)	40.000	Arbeit
1979	–	3.000	Arbeit (türkische ArbeiterInnen Quartier Sentier)
1981	Circulaire (12.7.1981) Circulaire (11.8.1981)	130.000 (von 150.000)	Arbeit
1989	Loi n°89-548 (2.8.1989) „Loi Joxe"	–	lange Niederlassung
1991	Circulaire (23.7.1991) Circulaire (25.9.1991)	15.000 – 21.000	Asyl (negativer Bescheid nach mind. drei Jahren Asylverfahren; Erwerbstätig und Familie, Gefahr bei Rückkehr)
1995	Circulaire (5.5.1995) Circulaire (13.6.1995)	–	Familie (Eltern französischer Kinder)
1997	Loi n°97-396 (24.4.1997) „Loi Debré" Circulaire (24.6.1997)	–	Familie
1997/1998	Circulaire Chevènement (24.6.1997) Loi n°98-349 (11.5.1998) „Loi Chevènement"	87.000 (von 150.000)	Familie (Mehrheit der Alleinstehenden abgewiesen)
2006	Circulaire (13.6.2006)	7.000 (von 30.000)	Familie (eingeschulte Kinder, Französisch)

Quellen: Levinson 2005, Lochak 2002, Poelemans/Sèze 2000, Wihtol de Wenden 2001

Danke und nochmals Danke...

... an Helmut Kramer und Eva Kreisky vom Institut für Politikwissenschaft der Universität Wien für ihr Vertrauen in meine Arbeit und die Möglichkeit zu dieser Veröffentlichung,

... an meinen Diplomarbeitsbetreuer Wolfgang Dietrich und alle TeilnehmerInnen des DiplomandInnen-Seminars sowie an Susanne Kimm und Markus Griesser für ihre wertvolle Kritik und mutmachende Hilfe,

... an meine Familie und FreundInnen – Andreas, Bernhard, Clemens, Ed, Franziska, Inari, Isabella, Jakob, Johannes, Karin, Kathi, Kevin, Lena, Lisabeth, Markus, Morgan, Oliver, Pete, Sebastian, Stefanie, Susi, Terry, Thomas und ganz besonders an meine Mutter Traute – für ihre liebevolle Unterstützung, tausend Anregungen und immer wieder Rückhalt,

... an alle Mitglieder des 9ème Collectif de Sans Papiers, der Kollektive des 19. und 20. Bezirks in Paris, des Collectif de Montreuil pour les Droits de Sans Papiers und der CSSP association Solidarité Sans-Papiers 93 für ihre beispiellose Offenheit und diese Gespräche,

... und an alle für sehr viel Geduld, für's Da-Sein und hoffentlich Da-Bleiben.

Politik und Demokratie
Reihe des Wiener Instituts für Politikwissenschaft

Herausgegeben von Helmut Kramer und Eva Kreisky

Band 1 Christiane Prorok: Ibrahim Rugovas Leadership. Eine Analyse der Politik des kosovarischen Präsidenten. 2004.

Band 2 Georg Bacher: Der Beitrag von Wahrheitskommissionen zur Friedenskonsolidierung und dauerhaften Versöhnung. Das Beispiel Südafrika. 2004.

Band 3 Gottfried Fritzl: Adolf Kozlik. Ein sozialistischer Ökonom, Emigrant und Rebell. Leben und Werk eines österreichischen Wissenschaftlers und Intellektuellen. 2004.

Band 4 Marion Knapp: Österreichische Kulturpolitik und das Bild der *Kulturnation*. Kontinuität und Diskontinuität in der Kulturpolitik des Bundes seit 1945. 2005.

Band 5 Georg Spitaler: *Authentischer* Sport – inszenierte Politik? Zum Verhältnis von Mediensport, Symbolischer Politik und Populismus in Österreich. 2005.

Band 6 Tamara Ehs: Helvetisches Europa – Europäische Schweiz. Der Beitrag der Schweiz an der europäischen Einigungsidee im Kontext schweizerischer Staats- und Nationswerdung. 2005.

Band 7 Philipp Kainz: Als Österreich isoliert war. Eine Untersuchung zum politischen Diskurs während der EU-14-Sanktionen. 2006.

Band 8 Simeón Renoldner: Regimebildung in der Landminenfrage und der Einfluss von Nichtregierungsorganisationen. Eine Untersuchung des Ottawa-Prozesses unter besonderer Berücksichtigung der Rolle Österreichs und Frankreichs. 2007.

Band 9 Angela Wieser: Ethnische Säuberungen und Völkermord. Die genozidale Absicht im Bosnienkrieg von 1992–1995. 2007.

Band 10 Silvia Nadjivan: Wohl geplante Spontaneität. Der Sturz des Milošević-Regimes als politisch inszenierte Massendemonstration in Serbien. 2008.

Band 11 Barbara Kraml: Gender Budgeting in Wien Meidling. Ein Weg zu mehr Geschlechtergerechtigkeit öffentlicher Haushalte? 2008.

Band 12 Katharina Ludwig: Citoyen Sans-Papiers. Irreguläre MigrantInnen als politische AkteurInnen in Frankreich. 2008.

Band 13 Sabine Lang: Die USA und der umfassende nukleare Teststopp-Vertrag. 2008.

Band 14 Gerhard Schröder – Political Leadership im Spannungsfeld zwischen Machtstreben und politischer Verantwortung. 2008.

www.peterlang.de